Lenka Hansen-Mörck · Jens Mecklenburg

Kochen à la
SCHLESWIG-HOLSTEIN

GESTERN – HEUTE – MORGEN

Lenka Hansen-Mörck · Jens Mecklenburg

Kochen à la
SCHLESWIG-HOLSTEIN

GESTERN – HEUTE – MORGEN

schlütersche

Bibliografische Information Der Deutschen Bibliothek
Die Deutsche Bibliothek verzeichnet diese Publikation in der Deutschen Nationalbibliografie; detaillierte bibliografische Daten sind
im Internet über http://dnb.ddb.de abrufbar.

ISBN: 978-3-89993-739-8

Verlag:	Schlütersche Verlagsgesellschaft mbH & Co. KG,
	Hans-Böckler-Allee 7, 30173 Hannover
Herausgeber:	Lenka Hansen-Mörck, Oeversee
Koordination:	Lenka Hansen-Mörck
	Jens Mecklenburg
	Claudia Flöer, Schlütersche Verlagsgesellschaft mbH & Co. KG
	Mark Wachsmann, Schlütersche Verlagsgesellschaft mbH & Co. KG
Text:	Jens Mecklenburg
Lektorat:	Annerose Sieck
Fotos:	Ingo Wandmacher, außer: Okapia: Winfried Wisniewski/SAVE (S. 26), fotolia.com: Dmytro Fomin (S. 27)
Gestaltung:	Michael Fröhlich, Hannover
Druck und Bindung:	Rasch Druckerei und Verlag GmbH & Co. KG, Bramsche

Inhaltsverzeichnis

GEBRAUCHSANWEISUNG

Alle Rezepte sind für vier Personen berechnet. Abweichungen von der Regel sind in den Rezepten vermerkt. Mengenangaben und Garzeiten in Kochbüchern können nur ungefähre Angaben sein. Verschiedene Größen, Gewichte und Beschaffenheiten der verwendeten Produkte und unterschiedliche Bedingungen in jeder Küche – vom Topf bis zum Ofen – und nicht zuletzt der individuelle Geschmack machen eigene Garproben und selbstständiges Abschmecken unerlässlich. Aber darin liegt ja auch der Reiz des Kochens!

Folgende Abkürzungen finden Sie in den Rezepten:
TL   = Teelöffel
EL   = Esslöffel
Msp. = Messerspitze
ml   = Milliliter (1000 ml = 1 l)
l   = Liter
g   = Gramm
kg   = Kilogramm

In einigen Rezepten finden Spezialprodukte aus der Molekularküche Verwendung.
Diese können über die Firma Bos Food in Düsseldorf bezogen werden.
Telefon: 02132/1390
www.bosfood.de

Danksagung:
Wir danken der Firma Villeroy & Boch (Lübeck Dänisch Burg) und der Firma Robbe & Berking (Flensburg) für die großzügige Bereitstellung von Geschirr und Besteck.

Schleswig-Holstein mit Genuss

Regionale Lebensmittel und ländliche Küche sind wieder im Trend. Traditionelle Produkte wie etwa die Steckrübe finden ihren Weg in die Edelgastronomie. Auch in Schleswig-Holstein feiert die Regionalküche eine erstaunliche Renaissance. Dabei erregt besonders die neue feine Regionalküche, die traditionelle Rezepte und Produkte im Stil der klassischen Hoch- und Mittelmeerküche leicht und aromastark zubereitet, starkes Interesse. Diese neue feine Regionalküche und die regional inspirierte Feinschmeckerküche haben dazu beigetragen, das kulinarische Image des Landes nachhaltig zu verbessern. Es entwickelte sich in den letzten zwei Jahrzehnten eine ambitionierte Regionalküche, die mittlerweile weit über die Landesgrenzen hinaus leuchtet und ein interessiertes Publikum anspricht. Noch nie war Schleswig-Holsteins Küche so lecker wie heute!

Das Buch „Kochen à la Schleswig-Holstein" skizziert diese Entwicklung und die gastronomische Entwicklung der letzten Jahrhunderte – vom einfachen Krug für Mensch und Tier mit einfachem Essen zur Edelgastronomie mit Feinschmeckerküche heutiger Tage – und wagt einen Ausblick in die Zukunft der Restaurantküche. Eine Entwicklung, die vom einfachen Steckrübenmus mit Schweinebacke zum filigranen Steckrüben-Apfelturm mit Steckrüben-Trüffelpüree mit Kalbbäckchen führt und die norddeutsche Küche revolutionierte.

Das Buch vereint erstmalig Rezepte aus Großmutters Küche mit Rezepten der verfeinerten und gehobenen Regionalküche heutiger Zeit und der innovativen Küche der Zukunft. Das Motto: gestern, heute, morgen – Hauptsache lecker. Ob Büsumer Krabbencocktail mit Erbsen und Spargel oder Royal von Nordseekrabben mit Eigelb, Anisgelee und Meerwasserluft – für jeden Geschmack ist etwas dabei. Die Rezepte der alten und neuen Regionalküche sollen natürlich zuallererst zum Nachkochen anregen, die Rezepte können aber darüber hinaus auch als kulinarische Entwicklungsgeschichte des Nordens gelesen werden.

Geschichten aus dem Gastronomie- und Hotelalltag, Kulturgeschichtliches über die Tafel, über die Produkte des Landes, über Kartoffeln, Rüben und Fischerei machen das Buch zum unterhaltsamen Geschichts-, Lese- und Kochbuch. Wir möchten alle ansprechen, die an den schönen Dingen des Lebens, besonders den kulinarischen, Freude und Interesse haben.

Lese- und Kochvergnügen mit Kochen à la Schleswig-Holstein wünschen

Lenka Hansen-Mörck   Jens Mecklenburg

Leben für die Gastronomie

Hans Hansen-Mörck.

Im äußersten Norden Deutschlands – im Dörfchen Oeversee – liegt das Romantik-Hotel Historischer Krug an der Landstraße 317. Hier – auf dem einstigen Heer- und Ochsenweg – zogen Jahrhunderte hindurch Soldaten in den Krieg und Ochsenherden wurden von Jütland nach Süden getrieben. Heute ist das an geschichtsträchtigem Handels- und Pilgerweg gelegene reetgedeckte Haus eine gastronomische Topadresse.

Die Geschichte des ältesten Krugs in Schleswig-Holstein – er ist der einzige königlich-dänisch privilegierte Krug (Kro) auf deutschem Boden – geht auf das Jahr 1519 zurück. Im Historischen Krug war man bis in die späten 1950er Jahre praktisch Selbstversorger. Man hielt Hühner, Enten, Schweine und Kühe und betrieb wie jeder Bauer auch eine eigene Hausschlachtung. Zum Krug gehörten damals zehn Hektar Landwirtschaft. Die typische Krugküche war nicht gerade kalorienarm, sondern dafür gedacht, den Hunger nach schwerer Arbeit zu stillen.

Am 1. Mai 1959 übernahm Hans Hansen-Mörck den seit 1815 in Familienbesitz befindlichen Historischen Krug von seiner Großmutter. Er trennte sich von der Landwirtschaft und konzentrierte sich voll und ganz auf die Gastgeberrolle. Aus dem Krug mit sechs Betten, Gaststube und Festsaal machte er im Laufe der Jahre einen gastronomischen Fixpunkt für Gäste aus nah und fern. Aus sechs Betten wurden 100, aus einfacher, bodenständiger Küche eine Feinschmeckerküche. Hans Hansen-Mörck war mit Leib und Seele Gastgeber, Gastronom und Gastrosoph.

Heimatverbundener Trendsetter

1985 begann er damit, die regionale Küche neu zu beleben. Bis dahin dominierte nicht nur die norddeutsche Gastronomie eine bürgerliche Einheitsküche zwischen Bockwurst und Schnitzel – in der sogenannten Edel-Gastronomie zeigte man sich schon weltläufiger, hier bestand die Einheitsküche aus Schildkrötensuppe und Chateaubriand. Hans Hansen-Mörck begab sich auf die Suche nach dem unverwechselbaren Charakter der schleswig-holsteinischen Küche. Die Natur und die Ernten sollten wieder den Speiseplan bestimmen, die Produkte der Region wieder die Hauptrolle auf den Tellern der Gäste spielen. Doch es ging ihm nicht nur um das Kochen mit regionalen, saisonalen Produkten, es ging ihm auch darum, regionale Lebensmittel in bester (geschmacklicher) Qualität zu bekommen und sie auf höchstem (geschmacklichen) Niveau zuzubereiten. So entstand in einem langen Prozess und im ständigen Austausch mit seinem Freund, dem Sternekoch Rudolf Katzenberger, seiner Frau Lenka, seinem Küchenchef, Kollegen, Landwirten und natürlich den Gästen – ihnen sollte es schließlich schmecken – die neue leichte und aromastarke Schleswig-Holstein-Küche, die heute in zahlreichen Häusern im Land angeboten wird. So wurde Hans Hansen-Mörck zum heimatverbundenen Trendsetter. Doch nicht nur das.

Hans Hansen-Mörck ging es auch um eine neue Tischkultur im Norden. Für ihn war Essen nicht nur ein biologisch notwendiger Akt, sondern eine menschliche Kulturleistung, die zelebriert werden sollte. Er wollte seinen Gästen etwas Besonderes, nichts Alltägliches bieten. Heute, in Zeiten von „Event-Kultur" und Küchenpartys, ist das etwas Alltägliches, vor gut 20 Jahren war es visionär.

NORDISCHE TAFELFREUDEN

So entwickelte der umtriebige Gastronom 1985 die Veranstaltungsreihe „Tafeln zwischen den Meeren". 1986 ließ er sich von dem gerade aus der Taufe gehobenen Schleswig-Holstein-Musik-Festival und den heiteren, farbenfrohen Bildern seiner Frau Lenka Hansen-Mörck, „Musizierende Köche", inspirieren. Im selben Jahr fügte er dem musikalischen Feuerwerk ein kulinarisches hinzu. Er verpflichtete Spitzenköche, vornehmlich aus Dänemark und Schweden, die unter dem Motto „Nordische Tafelfreuden" frische regionale Küche auf hohem Niveau auf den Tisch brachten. Ein Novum in Schleswig-Holstein. Ein Jahr später wurde daraus das „1. Schleswig-Holstein-Gourmet-Festival", zu dessen Anlass Hans Hansen-Mörck ein gleichnamiges Kochbuch herausgab. In zwölf Betrieben wurde ein festliches Menü von ambitionierten Sterne- und Gastköchen zubereitet. Sternekoch und Präsident der Brillat-Savarin-Stiftung, Rudolf Katzenberger aus Rastatt, Nestor der neuen deutschen Küche, war Gastkoch im Historischen Krug. Katzenberger war zugleich Ratgeber und väterlicher Freund Hansen-Mörcks.

Mit seinen Mitstreitern kam es über das Schleswig-Holstein-Gourmet-Festival zu einem handfesten Streit. Ranküne und Intrigen hat es im Norden ja immer gegeben. So musste er seine Idee wegen ungünstiger Umstände anderen überlassen und das Gourmet-Festival fand ohne seinen Initiator weiter statt.

Historischer Krug um 1815.

Doch Hans Hansen-Mörck, der Visionär und Schleswig-Holsteiner Dickschädel, ließ sich nicht beirren. Er baute die Nordischen Tafelfreuden zum angesehenen Festival der regionalen Kochkunst aus und blieb darüber hinaus der Motor der nordischen Gourmet-Bewegung.

JUGENDLICHES FEUER

Die Gastronomie ist ein wenig wie die Geisteswissenschaft ein Spiegelbild der Gesellschaft: Sie braucht jugendliches Feuer, um nicht in Altbewährtem zu erstarren. In Hans Hansen-Mörck brannte das Feuer bis zum letzten Tag. Er verstarb viel zu früh im Dezember 1994. Die Gastronomie und das Land zwischen den Meeren haben ihm viel zu verdanken, hat er doch maßgeblich zum neuen kulinarischen Ansehen des Landes beigetragen.

Heute würde er mit Freude auf seinen Historischen Krug schauen, auf das, was seine Frau Lenka in seinem Sinne weitergeführt hat, auf seinen Küchenchef Bodo Lööck, den er noch selbst ausgebildet hat und der heute zu den besten seiner Zunft im Norden zählt. Der Gastrosoph würde mit Freude auf die kulinarische Entwicklung schauen, die Hinwendung zur neuen Regionalküche. Er würde seine engagierten Kollegen loben, den Austausch mit ihnen suchen und ihnen hilfreich zur Seite stehen. Dagegen würde er die Beutelaufschneider und Gästedurchschleuser tadeln. Würde ihnen vorwerfen, sie hätten den Beruf verfehlt und würden dem Ansehen des Landes schaden. Man könnte sich wunderbar mit ihm über die weitere kulinarische Entwicklung im Norden streiten und sich bei gutem Essen und Wein, falls nötig, wieder versöhnen.

Nur wenige Gastronomen im Norden haben so tiefe Spuren hinterlassen. Schaut man sich die kulinarische Landschaft im Norden heute genauer an, könnte man meinen, Hans Hansen-Mörck weilt noch unter uns. Seine Ideen sind lebendiger denn je und vielerorts – nicht nur in seinem Krug, sondern überall im Lande – zu spüren, zu sehen und zu schmecken. Ein kulinarisches Hosianna für einen großen Gastrosophen! Wie sagte Oscar Wilde? „Die Welt ist von Narren gemacht, damit Weise darin leben."

Von der

Küstenbewohner ernähren sich mit Vorliebe von Meerestieren. Zu den besonderen Schätzen aus Neptuns Reich gehört die Krabbe. Der kleine gepanzerte Bewohner des Wattenmeers gilt als Aphrodisiakum. Vielleicht ist sie deshalb bei Einheimischen und Urlaubern so beliebt.

Küste

Von der Küste

BÜSUMER KRABBENCOCKTAIL
MIT ERBSEN UND SPARGEL

4 EL Mayonnaise, 2 EL Ketchup, 1 TL Meerrettich, 1 Prise Piment, 1 Spritzer Zitronensaft,
1 TL Weinbrand, 1 TL Grand Marnier (Orangenlikör), 1 Zitrone, 4 Stangen weißer Spargel,
50 g TK-Erbsen, 200 g Krabben, Eisbergsalat

ZUBEREITUNG

1. Mayonnaise, Ketchup und Meerrettich in eine Schüssel geben und gut miteinander verrühren. Mit Piment, Zitronensaft, Weinbrand und Grand Marnier abschmecken. Zitrone abwaschen und 4 Filets heraustrennen.

2. Spargel von oben nach unten schälen, holzige Enden abschneiden, Spitzen ganz lassen. Etwa 10 Minuten in Salzwasser bissfest garen, in Eiswasser abschrecken. Spargel in Scheiben schneiden, die Spitzen beiseitelegen. Die Erbsen auftauen lassen.

3. Krabben, Spargelscheiben und Erbsen mischen, die Mayonnaisesauce unterheben.

4. Vom Eisbergsalat einige Blätter abtrennen, waschen und trocken schütteln. Salat in feine Streifen schneiden und auf vier Schüsseln verteilen. Den Krabbencocktail daraufgeben und mit Spargelspitzen und Zitronenfilets garnieren.

TIPP

Auf dieselbe Art lässt sich auch ein Krebscocktail zubereiten. Wer mag, kann den Cocktail zusätzlich mit einigen Dillspitzen oder Petersilienblättern garnieren.

KNALLBONBON VON HUSUMER KRABBEN MIT WILDKRÄUTERN

100 g Lachsfilet, 100 g Sahne, Salz, Piment d´Espelette, japanischer Bergpfeffer, 200 g Krabben, 2 EL feine Gemüsewürfel (Möhre, Sellerie, Porree), 8 Schnittlauchhalme, 1 Ei, 4 Blätter eckiger Brickteig (aus dem Asia-Laden), etwas Butter zum Bestreichen, Friséesalatblätter, Wiesenkerbel, Vogelmiere, Sauerklee, Gänseblümchen, Hornveilchen, Olivenöl

ZUBEREITUNG

1. Lachsfilet in Würfel schneiden, mit der Sahne mischen und mit Salz, Piment und Bergpfeffer würzen. Kurz anfrieren lassen und dann mit dem Mixer aufschlagen, bis eine homogene Farce (Füllung) entsteht. Die Farce mit den Büsumer Krabben und den vorbereiteten Gemüsewürfeln vermischen.

2. Den Schnittlauch einmal durch kochendes Wasser ziehen und danach sofort in Eiswasser abschrecken. Die Lachs-Krabbenmasse in einen Spritzbeutel füllen.

3. Ei verquirlen. Die Brickteigblätter jeweils damit bestreichen und jeweils ein Viertel der Krabbenmasse daraufgeben. Die Teigblätter aufrollen und die Enden mit Schnittlauchhalmen verschnüren. Die Knallbonbons auf ein gebuttertes Backblech legen und bei 180 °C 8 Minuten im Backofen backen.

4. Friséesalatblätter waschen und trocken tupfen. Wildkräuter abspülen und ebenfalls trocken tupfen. Die Teller mit Salatblättern und Wildkräutern dekorieren, mit Olivenöl beträufeln, leicht salzen und die Knallbonbons dazugeben.

TIPP

Als Dip eignet sich eine Mayonnaise aus Olivenöl gerührt, mit etwas Safran und Knoblauch verfeinert. Viele essbare Wildkräuter finden Sie im heimischen Garten.

ROYAL VON NORDSEEKRABBEN MIT EIGELB, ANISGELEE UND MEERWASSERLUFT

Krabbenfond: 1 kg Nordseekrabben mit Schale, Butter, 200 g Fenchel, 150 g Staudensellerie, 100 g Schalotten, 10 weiße Champignons, 3 Tomaten, 100 ml Cognac, 1 l Weißwein, 4 cl Pernod, 15 g Senfsaat, 5 Wachholderbeeren, 10 g weiße Pfefferkörner

Royal und Meerwasserluft: 200 g Sahne, 100 ml Krabbenfond, 1 Ei, 5 Eigelb, Salz, weißer Pfeffer, 150 ml Wasser, Meersalz, 0,5 g Lecithin

Anisgelee: 250 ml weißer Traubensaft, Sternanis, 50 ml Pernod, 4 g Agar-Agar, 1 Ei, Salz, klein gehackte Petersilie

ZUBEREITUNG

Krabbenfond

1. Krabben mit Schale in einem halbhohen Topf in Butter anbraten. Fenchel, Staudensellerie, Schalotten, Champignons und Tomaten putzen und klein schneiden. Gemüse mit in den Topf geben und mit anschwitzen. Mit Cognac ablöschen und flambieren (anzünden). Weißwein, Pernod und etwas Wasser zugeben, Gewürze zufügen und das Ganze 30 Minuten köcheln lassen. Alles durch ein Tuch passieren und auf 100 ml einkochen und abkühlen lassen.

Royal und Meerwasserluft

1. Sahne, Krabbenfond, Ei, Eigelb, Salz und Pfeffer miteinander vermengen und in die gewünschte Form abfüllen und gut verschließen. Nun im Wasserbad bei 60 °C ca. 30 Minuten stocken lassen. Wenn die Masse abgekühlt ist, aus der Form nehmen und auf dem Teller platzieren.

2. Wasser erwärmen und Meersalz darin auflösen. In dem abgekühlten Meerwasser das Lecithin auflösen, erwärmen und mit einem Stabmixer aufschlagen.

TIPP

Die Royal und das Gelee kann man schon am Vortag zubereiten und im Kühlschrank aufbewahren.

Lauwarmer Räucheraal mit dicken Bohnen und Meerrettichmilch

4 Stücke Räucheraal à 100 g (aus der Mitte geschnitten), 100 ml Milch, 1 EL Meerrettichsaft, Salz, Zucker, 1 Msp. Lecit-Alginat, 200 g dicke Bohnen, 1 kleine Zwiebel, 30 g Butter, einige Zweige Bohnenkraut, frisch geschabter Meerrettich, Wiesenkerbel

ZUBEREITUNG

1. Räucheraalreste mit der Milch in einen Topf geben, aufkochen und am Herdrand ziehen lassen. Die Aalreste aus der Milch sieben. Meerrettichsaft, Salz und Zucker in die Milch geben, abschmecken und mit dem Geliermittel Lecit-Alginat aufschäumen.

2. Die dicken Bohnen kurz in kochendem Wasser garen und im Eiswasser abschrecken, danach die Bohnenkerne aus der Schale nehmen. Zwiebel schälen und fein würfeln. Butter in einer Pfanne zerlassen und die Zwiebel darin glasig dünsten. Bohnenkerne zufügen. Bohnenkraut abspülen und zu den Bohnen in die Pfanne geben. Mit Salz würzen.

3. Den Räucheraal auf ein Backblech legen und im Backofen bei 60 °C 4 Minuten erwärmen.

4. Die Meerrettichmilch luftig aufschäumen. Räucheraal und Bohnen auf die Teller verteilen und mit dem Milchschaum ergänzen, mit geschabtem Meerrettich und Wiesenkerbel garnieren.

TIPP

Lecit ist ein Algenbinder, der besonders gut die Luft einbindet. Sollte man ihn nicht bekommen, lässt sich die Milch auch gut aufschäumen, wenn sie etwa 65 °C Temperatur hat.

OSTSEE-RÄUCHERAAL MIT MANGO-PASSIONSFRUCHT-RELISH UND ERDARTISCHOCKENSALAT

4 Passionsfrüchte, 60 g Zucker, 1 Thai-Mango, ¼ Chilischote, Meersalz, 5 kleine Erdartischocken (Topinambur), 150 g Crème double, 8 dünne Trüffelscheiben, weißes Trüffelöl, Schnittlauchröllchen, frisch gemahlener Pfeffer, 1 Rote Bete, 1 Ei, gehackte Petersilie, 4 x 50 g Räucheraal

ZUBEREITUNG

1. Passionsfrüchte halbieren, das Fruchtfleisch herausnehmen und in ein Sieb geben. Den Saft auffangen. Mit einer Kelle so lange in dem Sieb rühren, bis sich die Haut von den Kernen löst. Zucker in einen Topf geben und leicht karamellisieren lassen. Mit dem aufgefangenen Saft ablöschen (übergießen). Mango schälen, das Fruchtfleisch in kleine Würfel schneiden. Chili entkernen und fein hacken. Passionsfrucht, Mango und Chili vermengen und mit etwas Salz abschmecken.

2. Erdartischocken schälen, kochen und in Scheiben schneiden. Crème double mit klein gehackten Trüffeln, etwas Trüffelöl und Schnittlauchröllchen vermengen und mit Meersalz und Pfeffer abschmecken.

3. Rote Bete schälen, in sehr dünne Scheiben schneiden, auf ein Backblech legen und im Backofen bei 70 C° 3 Stunden trocknen lassen. Das Ei ca. 5 Minuten bei 60 °C im Wasser garen. Dann vorsichtig öffnen und das Eigelb zur Seite legen. Das Eiweiß grob hacken und mit Salz und Petersilie abschmecken.

4. Relish und Erdartischockensalat auf Teller verteilen. Räucheraal dazu servieren. Die getrocknete Rote Bete aufrecht in den Aal stecken.

TIPP

Aus den Gräten und der Haut des Aals lässt sich ein schmackhafter Räucherfischfond kochen.

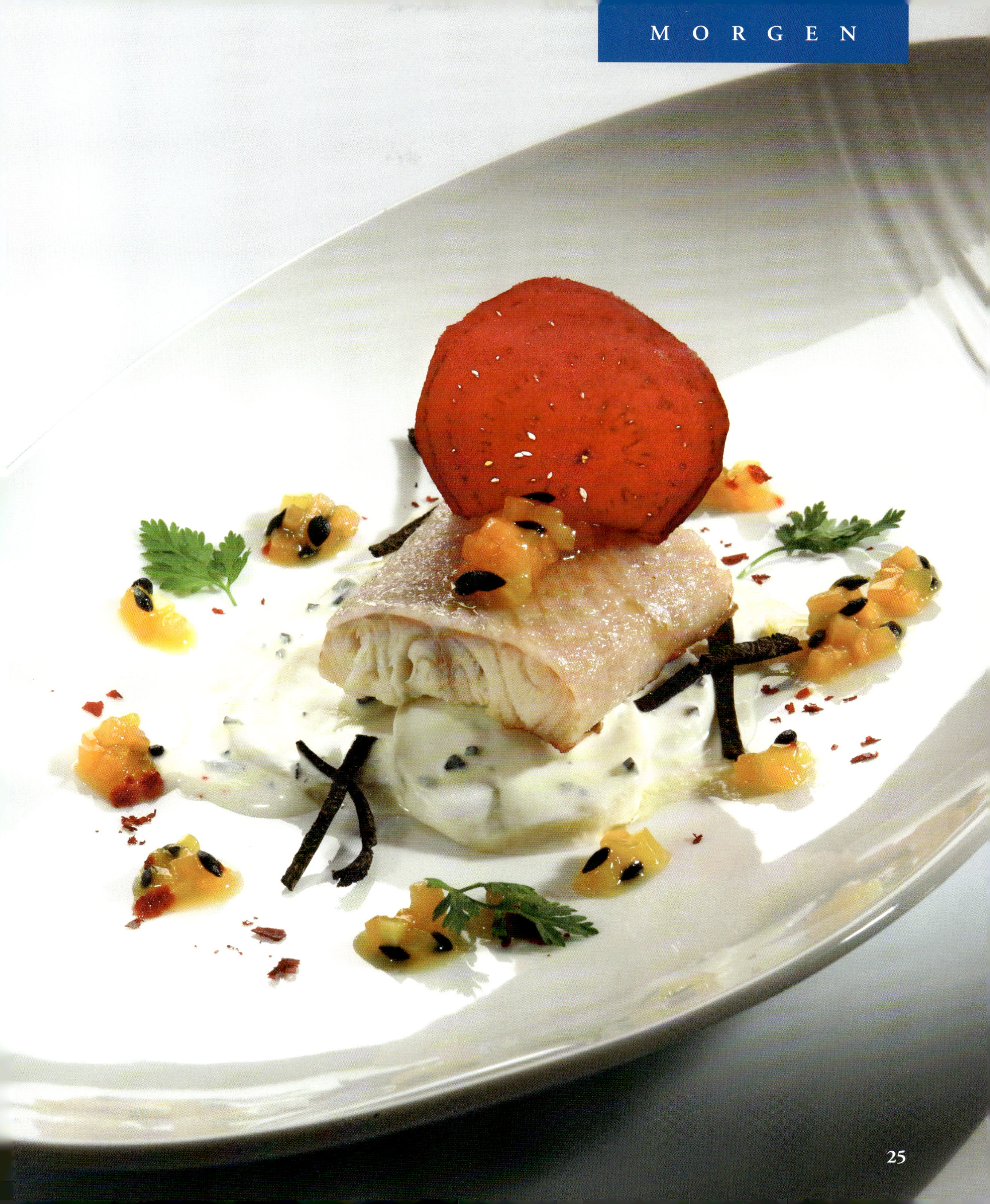

VON GRANATEN UND SCHLANGENFISCHEN

Auf Krabbenfang.

Wenn die Rede auf typisch schleswig-holsteinische Spezialitäten kommt, denkt man sofort an Fisch. Naturgemäß ernähren sich Küstenbewohner liebend gern (auch) von Meerestieren. Zu den besonders beliebten schleswig-holsteinischen Schätzen aus Neptuns Reich gehört neben vielen anderen Fischarten – von Aal bis Zander – die Krabbe. Die schmackhafte kleine Garnele ist zum kulinarischen Symbol der ganzen Nordseeküste geworden. Frisch gefangen, am besten direkt vom Kutter gekauft und gleich in den Mund gepult – ein wahrer Hochgenuss.

EIN HOCHGENUSS: DER KLEINE KREBS

Eigentlich ist die Krabbe ja gar keine Krabbe, sondern ein Kurzschwanzkrebs. Dennoch hat sich der Name „Krabbe" gerade bei den Binnenländern eingebürgert. An der Küste kennt man auch noch die Bezeichnungen „Porren", „Kraut" und „Granat" für den kleinen fünf bis acht Zentimeter großen

Krebs. Die Bezeichnung Granat leitet sich aus dem niederländischen „Gheenaert" ab, was nichts weiter als „Barthaare" heißt und auf die langen haardünnen Fühler der Garnele hinweist.

Gefangen werden die nachtaktiven Krabben bevorzugt nach Einbruch der Dunkelheit in einigen Metern Tiefe mit Hilfe von Netzen, die an einer langen Leine über den Boden geschleift werden. Die Arbeit ist, wie in früheren Zeiten, schwere (Männer-)Arbeit. Wenn die Kutterfischer Glück haben, ziehen sie Netze voller kostbarer Garnelen aus dem schlickigen Wattenmeer. Doch nicht immer sind die Netze gut gefüllt. Manchmal bleibt den Fischern nur die gute Meeresbrise. Frisch gefangen sieht die Krabbe gelblich bis graubraun aus und erhält erst durch das Kochen, was heute gleich auf dem Schiff erfolgt, ihre typische blanke, rosa schimmernde Färbung.

Die kleinen gepanzerten Wattenmeerbewohner der Nordsee erfreuten sich schon immer großer Beliebtheit. In früheren Zeiten stiegen im September und Oktober die Frauen an der Küste bei Ebbe in die Priele, um mit einer Art Käscher nach Krabben zu fischen. Vollständig bekleidet standen die Frauen bis zur Hüfte im kalten Wasser. Am Strand wurden die Krabben gleich in einem großen Kessel mit Meerwasser gekocht und auf Laken zum Trocknen ausgebreitet. Am Abend machte sich dann die ganze Familie ans Krabbenpulen. Zur Belohnung für die anstrengende Arbeit wurden die Krabben gleich verspeist: pur, als Einlage in einer Suppe oder als eine Art Frikadelle aus Krabbenfleisch, Paniermehl, Eiern und Gewürzen.

Das Auspulen ist gar nicht so schwer, wie der Binnenländer vielleicht denken könnte. Am besten nimmt man den Kopf der Krabbe zwischen Zeigefinger und Daumen der linken Hand, während Zeigefinger und Daumen der rechten vorsichtig die Krabbe greift und sie leicht kurz hinter dem Kopf dreht und zieht – schon löst sich das leckere Garnelenfleisch aus der Schale. Ob Sie die Krabben nun mit Bier, wie es die Küstenbewohner gerne tun, oder mit Weißwein oder mit Champagner (die Sylter Variante) herunterspülen, bleibt Ihrem persönlichem Geschmack überlassen. Doch seien Sie beim Verzehr zurückhaltend, nicht maßlos – denn Krabben gelten als Aphrodisiakum. Vielleicht sind sie deshalb so beliebt.

NORDISCHE SPEZIALITÄT: DER AAL

Auch der Aal, besonders wenn er frisch aus dem Rauch kommt, gilt als nordische Spezialität. Wer die „Blechtrommel" von Günter Grass gelesen oder die Verfilmung von Volker Schlöndorff gesehen hat, weiß, wie man früher in Pommern Aale fing: Ein Pferdeschädel, ins Wasser geworfen, diente als Köder. In Schleswig-Holstein allerdings wird Aal mit Angel oder Reuse gefangen und gibt weniger Anlass für erhitzte Fantasien. Bei Traditionalisten erfreut er sich nach wie vor großer Beliebtheit, vorzugsweise mit knusprigen Bratkartoffeln. Bei jungen Menschen ist er ein wenig in Vergessenheit geraten, fettärmere Fischgerichte entsprechen mehr dem Zeitgeist.

Doch Spitzenköche und Feinschmecker pfeifen auf den Zeitgeist, denn sie schätzen die kulinarischen Möglichkeiten des Aals.

Der schlangenähnliche Fisch ist übrigens ein Einwanderer. Er stammt aus der Saragossasee südlich der Bermudainseln. Mit dem Golfstrom machen sich die geschlüpften Larven auf den 4.000 Kilometer langen Weg nach Europa. Nach zwei bis drei Jahren sind sie bei uns angekommen, noch klein wie ein Streichholz und völlig durchsichtig, deshalb nennt man sie auch Glasaale. In Spanien sind die „Angulas" eine Spezialität. Sie schwimmen dann die Flüsse hoch, werden größer und nehmen ihre typische dunkle Farbe an. Da die Aale wegen der Schleusen und Sperren nicht mehr ohne weiteres die Flüsse passieren können, werden sie gefangen und in Binnenseen wieder ausgesetzt. Erst mit acht bis zehn Jahren ist der Aal geschlechtsreif und kennt im Herbst nur noch ein Ziel: zurück in die Saragossasee. Erreicht er sein Ziel, laicht er ab und verendet.

Welch großartige Leistung des Weltenbummlers. Schon Goethe wusste: „Alles ist aus dem Wasser entsprungen! Alles wird durch das Wasser erhalten! Ozean, gönn uns dein ewiges Walten."

Auswärts essen: Von der antiken Garküche zum modernen Restaurant

Einst konnten Wohlhabende es sich leisten, sich und ihre Gäste zu Hause bekochen zu lassen. Außer Haus musste essen, wer keine eigene Küche, nicht genug Geld für Brennstoff oder einfach nicht genug Platz im Haus hatte. Im antiken Athen boten Händler mit tragbaren kleinen Kochherden gefüllte Feigenblätter, Gerstekuchen mit Honig, scharf gebratene Würstchen und gebratenen Fisch an. Auch im alten Rom gab es Garküchen für Leute, die in ihren kleinen Behausungen über keine Kochstelle oder Wasser verfügten. Im mittelalterlichen China wurden bereits fertige Imbissspeisen in großen Mengen in Manufakturen hergestellt. Um 1200 entstand wohl auch die erste Würstchenbude Deutschlands. Die Bauarbeiter, die

vor 900 Jahren nach Regensburg kamen, um dort die „steinerne Brücke" zu bauen, brachten weder Familie noch Kochherd mit. Jemand kam auf die Idee, den Arbeitern heiße Würstchen anzubieten und stellte eine Bude neben die Baustelle.

Raue Sitten, karge Mahlzeiten

In den ersten Gasthöfen ging es vergleichsweise schlicht und rau zu, der Gast war nicht König, sondern musste sich mit dem zufriedengeben, was der Wirt auf den Tisch stellte. Der Gelehrte Erasmus von Rotterdam beschreibt anschaulich den Besuch eines deutschen Gasthofes im Jahr 1518: „Sobald sich alle an den Tisch gesetzt haben, erscheint der sauersehende Knecht und bringt Brot, das jeder zum Zeitvertreib, während die Speisen kochen, essen kann; so sitzt man nicht selten nahezu eine Stunde. Endlich wird der Wein, von bedeutender Säure, aufgesetzt. Damit haben die Gäste etwas für ihren bellenden Magen. Bald kommen mit großem Gepräge die Schüsseln. Die erste bietet fast immer Brotstückchen mit Fleischbrühe, oder, ist es ein Fast- oder Fischteig, mit Brühe von Gemüsen übergossen. Dann folgt eine andere Brühe, hierauf etwas von aufgewärmten Fleischarten oder Pökelfleisch oder eingesalzenem Fisch. Wieder eine Musart, hierauf feste Speise, bis dem wohlbezähmten Magen gebratenes Fleisch oder gesottene Fische von nicht zu verachtendem Geschmacke vorgesetzt werden. Aber hier sind sie sparsam und tragen schnell wieder ab."

Eine Wahl hatte Rotterdam nicht. Es gab nur ein Menü und häufig nur einen Gasthof am Ort. Niemand kehrte dort zum Vergnügen ein, sondern notgedrungen, weil er auf Reisen war. Auch ein früher Sylt-Reisender beschwerte sich: „Sie gaben mir Gras zu essen, wäre ich

bis zum Winter geblieben, sie hätten mich bestimmt mit Heu ernährt." Dem armen Mann war gesottener Meerstrandwegerich vorgesetzt worden – auch damals nicht unbedingt eine kulinarische Delikatesse.

DIE „WIEGE" DER RESTAURANTKULTUR

In den Städten des Römischen Reiches gab es zwar schon Restaurants, doch beliebte Spezialitäten wie Austern, Muscheln, Schnecken oder Spargel suchte der Gast dort vergeblich, sie wurden nur bei privaten Festen gereicht. Die Wiege der Restaurantküche, wie wir sie heute kennen, liegt in China. Im 11. Jahrhundert gehörte es dort zum guten Ton, nicht nur die klassische Literatur, sondern auch verschiedene Zubereitungsarten oder auch regionale Kochschulen zu kennen. Mit einem wohlhabenden Bürgertum entstand in den Städten eine Restaurantkultur, wie es sie vorher noch nirgendwo gegeben hatte. Man ging in Restaurants, weil man besser als zu Hause essen wollte. Es gab sogar „In"-Restaurants und solche, aus denen sich der Kaiser sein Essen bringen ließ.

In Europa bedurfte es erst der Französischen Revolution, damit sich so etwas wie eine Restaurantkultur entwickeln konnte. Bis etwa 1760 waren die gastronomischen Angebote streng reglementiert. Ein Bratkoch durfte kein Ragout machen, Wirtshäuser mussten sich das Essen von Garköchen, Fleischern und Pastetenbäckern holen. Restaurants im modernen Sinne kamen erst um die Wende vom 18. ins 19. Jahrhundert auf, als die Pariser Nationalversammlung die Innungen abschaffte, den Zünften ihre Privilegien nahm und den neuen Restaurants erlaubte, Gerichte nach Belieben anzubieten. Köche, die bis dato für den Adel gekocht hatten, machten sich nun selbstständig und avancierten zu erfolgreichen gastronomischen Unternehmern, während ihre ehemaligen Herren auf dem Schafott landeten, emigrierten oder verarmten. Es war die Geburtsstunde der modernen Gastronomie. Auf einmal wurden Suppen, Zwischengerichte, Braten und Desserts in ein und demselben Restaurant angeboten. Restaurants mit guter Küche und berühmten Köchen entstanden.

KRÜGE AM OCHSENWEG

Auswärts essen ging man damals auch in Schleswig-Holstein nur auf Reisen. Zu Hause bei der armen Bevölkerung stand einfache Kost wie Grütze und Brei auf dem Speiseplan. In adligen Kreisen, am Gottorfer Hof und auf den ostholsteinischen Gütern wurden dagegen französische Spezialitäten samt Köchen importiert. Schon damals war die französische Küche stilbildend, auch im Norden. Die Festessen auf den Gutshöfen arteten häufig in wahre „Fressorgien" aus. Die vornehmen Hanseaten in Lübeck, durch den Handel der Hanse kulinarisch sehr erfahren, bevorzugten schon recht früh die feinere Art der Nahrungsaufnahme. Die Zubereitung von Krebssuppe, Curryhuhn und Stubenküken gehörte dort zum Standardrepertoire. Ein frühes Zeugnis feiner Lebensart lieferten die Lübecker Ratsherren: 1502 wurden die angesammelten Bußgelder für ein Essen der besonderen Art verwendet. Während im Hinterland Fleisch nur begrenzt und zu besonderen Anlässen gegessen wurde, speisten die ersten Lübecker Herren zum Mittag

Rinderbraten, Schinken, Wild, Lamm, Schwan, Pfau. Dazu gab es Backwerk, Butter, Käse, Obst, Konfekt und Nüsse aus Italien, Bier aus Hamburg und Einbeck, Wein vom Rhein und aus Frankreich.

In den Gasthöfen – die ersten entstanden entlang der Reisewege – war das Essen dagegen schlicht und einfach. So auch im ältesten Krug Schleswig-Holsteins, dem Historischen Krug in Oeversee am wirtschaftlich bedeutsamen „Ochsenweg". Seine Ursprünge reichen bis in die ausklingende Steinzeit und ältere Bronzezeit zurück, als mit dem ersten Fernhandel begehrter Waren wie Bernstein und Kupfer Verbindungswege entstanden. Schon im frühen Mittelalter als „der Heerweg" (von dänisch „hærvej") bekannt, muss man sich diese Hauptverkehrsader als Hauptstrang eines Bündels von Wegen mit vielen Abzweigungen vorstellen. Die Wege waren im Sommer staubig und sandig, im Herbst und Winter morastig und häufig unpassierbar. Größere Bedeutung erlangte der zentrale Heerweg, als im Mittelalter umfangreiche Viehtriften den Weg von Jütland zur Elbe und weiter nach Süden nahmen, daher die Bezeichnung „Ochsenweg". Die dänischen und schleswig-holsteinischen Gutsbesitzer betrieben Rinderzucht und Ochsenmast in großem Stil. Die Ochsen wurden im Frühjahr an Viehhändler verkauft, die sie über die großen Trassen des alten Heerweges nach Süden zu den Märkten, insbesondere nach Wedel bei Hamburg, treiben ließen.

Als der Rinderhandel im 15./16. Jahrhundert große Ausmaße annahm – jährlich wurden bis zu 50.000 Tiere getrieben – entstanden an den Ochsenwegen zahlreiche Krüge, die sich auf die besonderen Bedürfnisse der Ochsentreiber einrichteten. Sie hielten Tränken und Futter für die Tiere bereit, die Rastplätze waren von Steinwällen oder Zäunen umgeben, so dass die Ochsen in der Nacht zusammenblieben. Den Treibern und Händlern boten sie Unterkunft.

„BITTE SEHR" ODER „NIMM UND FRISS"

Die Herden bestanden in der Regel aus 40 bis 50 Ochsen, die von zwei bis drei Treibern begleitet wurden. Die Händler, die mehrere hundert Tiere auf den Markt bringen wollten, ließen die Ochsen in mehreren Einzelherden hintereinander hertreiben. Allen voraus traf der „Futterbeschaffer" beim Krug ein, um für Treiber und Tiere das Quartier zu bestellen. Unter den Gästen im Krug herrschten erhebliche Rangunterschiede. Der Ochsenhändler, der im Pferdefuhrwerk vorfuhr, wurde vom Wirt bevorzugt behandelt. Er erhielt eine besondere Stube und ein besseres Essen, das ihm, so ist es aus Dänemark überliefert, mit „Vær så god" (bitte sehr) serviert

Auf dem Ochsenweg.

wurde. Von den Treibern waren die Ochsentreiber hochrangiger als die Schweinetreiber, die im Stall oder in der Scheune saßen und denen die Wirtin ihr einfaches Essen mit der Bemerkung „Tag og æd" (nimm und friss) austeilte.

Selbstverständlich wurde der Heerweg auch von allen möglichen Reisenden benutzt: Kaufleuten und Handwerkern, Fürsten und Bettlern. Im späten Mittelalter wurde er zudem von Pilgern benutzt, um zu den großen Pilgerstätten Rom, Jerusalem und insbesondere Santiago di Compostella zu gelangen. Im 17. Jahrhundert wurde mit dem Entstehen der Post das Reisen weniger beschwerlich und sicherer. 1624 richtete der dänische König und Herzog von Schleswig-Holstein, Christian IV., eine Post für Briefe und Pakete ein. Eine Route verband Kopenhagen und Hamburg über den Ochsenweg. Seit 1653 wurden auch Personen befördert. Die Kutschen fuhren regelmäßig, es entstand ein System von Poststationen, an denen die Pferde gewechselt wurden und der Fahrgast sich stärken und gegebenenfalls übernachten konnte.

DER HISTORISCHE KRUG

Es war der dänische König Eric Klipping, der 1198 anordnete, dass an allen Heer- und Handelswegen Krüge errichtet werden sollten, die den Durchreisenden und ihren Pferden Kost und Logis zu bieten hatten. Königin Margaretha schrieb 1396 vor, dass alle vier Meilen (damals etwa 39 km) ein Krug zu stehen habe. Später wurde dies auf die Hälfte reduziert. Bereits 1521, während der Regentschaft König Christians II., waren die Kröger verpflichtet, ihren Gästen zu jeder Mahlzeit drei Gerichte zu reichen, das Bier dazu war frei. Die Preise wurden vom König festgelegt. Wenn ein Kröger einem Gast ein Zimmer verweigerte, drohte ihm – so hart waren damals die Sitten – die Todesstrafe. In dieser Zeit (1519) entstand auch der Krug in Oeversee. 1624 wurde der „Kirchspielkrug", wie er damals noch hieß, Posthalterei und erhielt das königliche Privileg. Er durfte steuerfrei Brot backen, Bier brauen und Schnaps brennen. Das alles konnte er nicht nur im Krug anbieten, sondern auch außer Haus verkaufen. Er hatte jedoch darauf zu achten, dass seine Gäste nicht in unmäßiges Saufen und Prassen verfielen. Als Gegenleistung für das königliche Privileg musste der Kröger jederzeit Soldaten in Begleitung des Königs einquartieren. Heute ist der Historische Krug der letzte seiner Art mit königlichem Privileg auf deutschem Boden. Besondere Bedeutung erlangte der Krug, als er nach dem österreichisch-dänischen Gefecht von 1864 als Lazarett diente.

Historischer Krug 1864.

Während des 30-jährigen Krieges, unter dem Schleswig und Holstein 1627 bis 1629 durch den kaiserlichen Krieg und 1643/44 den schwedisch-dänischen Krieg zu leiden hatten, sowie 1657–60 während des dänisch-schwedischen Krieges zogen kaiserliche, schwedische, brandenburgische und polnische Armeen sowie dänische auf dem Heerweg (Ochsenweg) in Richtung Norden und zurück. Im deutsch-dänischen Krieg (Deutscher Bund gegen Dänemark) waren es die Österreicher, welche die sich zurückziehenden Dänen über den Heerweg verfolgten. Auf dem Engpass zwischen Oeversee und Bilschau wurde die dänische Nachhut von österreichischen Soldaten angegriffen und es kam zu einem kurzen heftigen Gefecht.

In den Tagen danach diente der Krug in Oeversee als Lazarett für die Verwundeten beider Seiten. Der Kröger Hans-Peter Clausen und seine Frau Anna Margaretha hatten darauf bestanden, die Verwundeten beider Seiten aufzunehmen. Die Kröger pflegten die Verwundeten aufopferungsvoll. Für diese einzigartige humanitäre Tat wurde Hans-Peter Clausen später von Kaiser Franz-Joseph I. mit dem Österreichischen Kriegsverdienstorden in Gold ausgezeichnet. Zur Stärkung der Verwundeten kochte Anna Margaretha Clausen „Frische Suppe", die noch heute alljährlich am 6. Februar im Historischen Krug aufgetischt wird. Zum Gedenken an das Gefecht am 6. Februar 1864 findet bis heute ein Traditionsmarsch von Flensburg nach Oeversee statt, wo die Teilnehmer nach der Kranzniederlegung ein gemeinsames Mittagessen einnehmen. Der 6. Februar 1864 ist auch in anderer Hinsicht bedeutsam: Der Historische Krug wurde das erste Feldlazarett des Roten Kreuzes.

EINE GASTRONOMISCHE TOPADRESSE

Im 17. Jahrhundert ordnete König Christian V. an, dass jeder Krug eine Ein- und Ausfahrt, ferner wenigstens vier Zimmer mit guten Betten und Kaminen haben sollte. Außerdem musste Platz für drei Pferdewagen vorhanden sein. So wurde für Mensch und Tier gesorgt. Die Zimmer und Galasträume waren über Jahrhunderte einfach und zweckmäßig. Ein kritischer Zeitgenosse schrieb noch Anfang des 20. Jahrhunderts: „Eigentlich muss man sich wundern, dass ein geistig so hochstehendes Volk wie die Dänen seine Gasthauskultur so vollständig vernachlässigt." Der Historische Krug wurde weitestgehend durch Selbstversorgung betrieben. Bis in die 50er Jahre des 20. Jahrhunderts hinein wurden Hühner, Enten, Schweine und Kühe gehalten. Zum Krug gehörten zehn Hektar Land. Das änderte sich erst, als Hans Hansen-Mörck 1959 den Krug übernahm. Er trennte sich von der Landwirtschaft und konzentrierte sich auf die Gastronomie und den Ausbau zum Hotel. Aus dem Krug mit sechs Betten, Gaststube und Festsaal wurde im Laufe der Jahre eine gastronomische Topadresse. Aus sechs Betten wurden 100, aus der bodenständigen Küche wurde schließlich eine Feinschmeckerküche.

In den 50er und 60er Jahren war die Küche noch ländlich einfach und kalorienreich. So wie es die körperlich hart arbeitenden Menschen brauchten. In den 70er Jahren änderte sich die Speisekarte. Das Angebot reichte von „Bauernfrühstück" über „Forelle Müllerin" und „Wiener Schnitzel" bis zum edlen

Rudolf Katzenberger, Lenka und Hans Hansen-Mörck (v. l.).

„Chateaubriand". Auch Internationales stand auf der Speisekarte: „Schildkrötensuppe Lady Curzon" und „Kalbskotelett Mailänder Art mit Spaghetti". Ganz ähnlich sahen die Speisekarten in anderen gutbürgerlichen Restaurants des Landes aus. Anfang der 80er Jahre stiegen die Ansprüche der Gäste. Die bürgerliche Küche war gleichförmig geworden, vielen zu langweilig, die Zubereitung, insbesondere auch die der so genannten Beilagen, ließ zu wünschen übrig. Und auch in dieser Hinsicht sollte der Historische Krug Geschichte schreiben.

Mitte der 80er Jahre hielt die „neue deutsche Küche" auch in Schleswig-Holstein Einzug. Sterneköche wie Jörg Müller brachten die „Nouvelle Cuisine" nach Sylt, Gastronomen wie Hans Hansen-Mörck erfanden derweil die Regionalküche neu. So bekam das deutsche Kochwunder zwei Gesichter: die französisch geprägte Feinschmeckerküche der Nouvelle Cuisine und die neue feine Regionalküche. Bei der Verbindung von Tradition und Moderne in der Gastronomie spielte der Historische Krug in Oeversee eine Vorreiterrolle. Er wurde zum Spiegelbild der gastronomischen (Neu)Entwicklung im Norden.

Von Feld u

Feldfrüchte wie Kartoffeln und Steckrübe erfreuen schon
lange das Herz von Köchen und Feinschmeckern.
Früchte wie das Land. Roh schmecken sie herb und
erdig, doch in der Küche erblüht in ihnen ein prächtig
liebliches Aroma.

nd Acker

Kleiner Kartoffeleintopf mit gebratener Bauernwurst

300 g Kartoffeln, 50 g Sellerie, 50 g Möhren, 400 ml Geflügelbrühe, Knoblauch, Majoran, Kümmel, 50 g Porree, 150 g Sahne, Salz, Pfeffer, etwas Speisestärke, einige Zweige Blattpetersilie, 1 Bauernwurst (grobe, angeräucherte Mettwurst), Butter zum Anbraten

ZUBEREITUNG

1. Kartoffeln, Sellerie und Möhren waschen, schälen und in 1 x 1 cm große Würfel schneiden. Das Gemüse mit der Brühe in einen größeren Topf geben, aufkochen und das Gemüse darin weich garen. Mit Knoblauch, Majoran und Kümmel würzen.

2. Porree waschen und ebenfalls in Würfel schneiden. In die Suppe geben und mit der Sahne auffüllen, gegebenenfalls mit Salz und Pfeffer abschmecken und mit Speisestärke binden. Blattpetersilie waschen, trocken tupfen, Blättchen von den Stängeln zupfen und in Streifen schneiden.

3. Bauernwurst in Scheiben schneiden und in etwas Butter in einer Pfanne anbraten, durch ein Sieb das ausgetretene Fett absieben und mit der Petersilie bestreuen. Die Suppe in eine Terrine füllen und die Bauernwurst darauf verteilen.

TIPP

Die Suppe schmeckt auch sehr gut mit geräuchertem Aal. Da die Bauernwurst sehr fett ist, kann sie auch ohne Butter angebraten werden.

Soufflé von der Moorsieglinde mit Räucherlachs auf Schwarzwurzeln

400 g Kartoffeln (Moorsieglinde), 1 Zwiebel, Öl zum Braten, 2 Eier, Salz, 40 g Crème fraîche, 1 EL gehackte Petersilie, Muskatnuss, 400 g Schwarzwurzeln, etwas Mehl, Essig, 100 ml Geflügelbrühe, etwas Speisestärke, 1 Tomate, 1 EL in Streifen geschnittene Blattpetersilie, 2 EL geschlagene Sahne, 4 Stück à 30 g kalt geräucherter Lachsrücken (Zarenlachs), 4 Zweige glatte Petersilie

ZUBEREITUNG

1. Kartoffeln schälen und in Salzwasser gar kochen, anschließend abgießen und kurz abdämpfen. Kartoffeln durch eine Presse geben. Zwiebel schälen und fein hacken. Öl in einer Pfanne erhitzen und die Zwiebel darin glasig dünsten. Zwiebelwürfel in ein Sieb geben, damit das Öl abtropfen kann.

2. Eier trennen und das Eiweiß mit einer Prise Salz aufschlagen. Die Kartoffelmasse mit Eigelb, Crème fraîche, Petersilie und Zwiebeln vermengen, mit Salz und Muskatnuss abschmecken. Das geschlagene Eiweiß vorsichtig unterheben. Die Soufflémasse auf vier Förmchen verteilen und im vorgeheizten Backofen 15 Minuten bei 160 °C backen.

3. Schwarzwurzeln unter fließend kaltem Wasser gründlich abbürsten. Mit einem Sparschäler vom Ende zur Spitze hin schälen und die Schwarzwurzeln in schräge Scheiben schneiden. Diese sofort in eine Schüssel mit Wasser geben, in das zuvor etwas Mehl und Essig gerührt wurde. So vermeidet man, dass der beim Schneiden austretende Milchsaft oxidiert und die Wurzel sich braun färbt.

4. Die Schwarzwurzeln in der Geflügelbrühe kochen. Die Brühe leicht mit Speisestärke binden und gegebenenfalls mit Salz nachwürzen. Tomate kurz in kochendes Wasser tauchen, dann kalt abschrecken und die Haut abziehen. Tomate in Würfel schneiden. Tomatenwürfel, Petersilienstreifen und geschlagene Sahne unterheben.

5. Das Schwarzwurzelgemüse in tiefe Teller geben, das Kartoffelsoufflé vorsichtig stürzen, aufs Gemüse setzen und mit Lachs und Petersilie krönen.

TIPP

Beim Schälen der Schwarzwurzeln am besten Gummihandschuhe tragen, damit sich die Hände durch den Milchsaft nicht braun färben.

Buntes Kartoffelragout mit Safransauce, Jakobsmuscheln und schwarzen Walnüssen

Safransauce: 300 ml Fischfond, 180 ml klarer Tomatensaft, einige Safranfäden, 50 g Sahne, 50 g Butter, Maldon Sea Salt (Meersalz)

Kartoffelragout: 200 g Süßkartoffeln, 200 g La-Ratte-Kartoffeln, 150 g blaue Kartoffeln, 2 Schalotten, 20 g Butter, Pfeffer

12 Jakobsmuscheln, Traubenkernöl zum Braten, 2 schwarze Walnüsse, 4 Spieße, Limettenöl, 80 g Chorizo, 200 g Edamame-Bohnen (japanische Sojabohnen)

ZUBEREITUNG

Safransauce

1. Fischfond und Tomatensaft in einen Topf geben, Safranfäden einstreuen und unterrühren. Die Flüssigkeit auf die Hälfte einkochen. Mit Sahne und Butter verfeinern. Mit Salz abschmecken.

Kartoffelragout

2. Kartoffeln waschen, schälen und in 2 mm große Würfel schneiden. Einzeln in kochendem Wasser blanchieren (wenige Minuten garen). Anschließend in einem Sieb abtropfen lassen und mit kaltem Wasser abschrecken.

3. Schalotten abziehen und fein würfeln. Etwas Butter in einer Pfanne zerlassen und die blanchierten Kartoffeln darin braten. Mit Salz und Pfeffer würzen.

4. Die Muscheln mit Hilfe eines spitzen Messers öffnen. Das Muschelfleisch herauslösen, dabei den grauen Rand vorsichtig abschneiden. Das Muschelfleisch waschen und auf Küchenkrepp abtropfen lassen. In einer Pfanne das Öl erhitzen und die Muscheln darin von beiden Seiten ca. 2 Minuten scharf anbraten. Anschließend abwechselnd mit in Scheiben geschnittenen schwarzen Walnüssen auf einen Spieß stecken.

TIPP

Man kann den Rogen der Muscheln im Ofen trocknen und zerbröseln, ihn dann als zusätzliche Würze über den Spieß streuen. Statt La-Ratte-Kartoffeln passen auch Bamberger Hörnchen oder Linda.

5. Kartoffeln auf Tellern anrichten. Jeweils einen Spieß auf die Kartoffeln legen und mit Limettenöl und Meersalz bestreuen.

6. Safransauce um die Kartoffeln geben und fein gewürfelte Chorizo und in Butter angezogene Edamame-Bohnen darauf verteilen.

STECKRÜBENMUS MIT SCHWEINEBACKE UND KASSLER

1 Schweinebacke à 400 g, 400 g Kassler, 800 g Steckrüben, 400 g Möhren, 150 g Sahne, 100 g Butter, Muskatnuss, Salz, Pfeffer, 1 Bund glatte Petersilie, zusätzlich etwas zerlassene Butter, Senf

ZUBEREITUNG

1. Schweinebacke und Kassler in kochendes Salzwasser geben und 45–50 Minuten auf mittlerer Stufe kochen.

2. In der Zwischenzeit Steckrüben und Möhren schälen und in walnussgroße Stücke schneiden. Gemüse in einen Topf geben und mit etwas Brühe von Schweinebacke und Kassler bedecken. Auf mittlerer Stufe weich kochen. Dann gut abgießen.

3. Sahne und Butter zum Gemüse geben und das Ganze mit einem Pürierstab aufmixen. Mit frisch geriebener Muskatnuss, Salz und Pfeffer abschmecken. Petersilie waschen, trocken schütteln, die Blättchen abzupfen und in Streifen schneiden. Gut die Hälfte der Petersilie unter das Steckrüben-Möhren-Gemüse mengen.

4. Schweinebacke und Kassler aufschneiden. Rübenmus auf einer Platte verteilen und abwechselnd mit Schweinebacke und Kassler belegen. Mit der restlichen Petersilie bestreuen und mit der Butter beträufeln. Mit mittelscharfem Senf servieren.

TIPP

Statt Schweinebacke und Kassler kann man auch Mettenden verwenden. Wer es bissfester mag, verzichtet aufs Pürieren und bereitet ein Steckrübengemüse.

STECKRÜBENGEMÜSE MIT WACHTELBRÜSTCHEN

50 g Poulardenbrust, 50 g Sahne, Piment d´Espelette, Salz, 8 Wachtelbrüstchen, 4 Blätter glatte
Petersilie, 1 Schweinenetz, 200 g Steckrübenwürfel, 60 g Möhrenwürfel, 60 g Selleriewürfel,
60 g Porreewürfel, 30 g Butter, je 1 EL Speck- und Zwiebelwürfel, Salz, Pfeffer, Champagneressig,
1 EL in Streifen geschnittene Petersilie

ZUBEREITUNG

1. Die Poulardenbrust in Würfel schneiden und mit Sahne, Piment und
Salz mischen, kurz anfrosten und im Mixer zu einer homogenen
Masse zerkleinern. Je zwei Wachtelbrüste mit der Poulardenmasse
füllen, mit einem Blatt Petersilie belegen und ins Schweinenetz wickeln.

2. Vorbereitete Steckrüben, Möhren, Sellerie und Porree nach und nach
wenigen Minuten im Salzwasser blanchieren (garen) und im Eiswasser
abschrecken.

3. Die Wachtelbrüste auf beiden Seiten in Butter anbraten und 5 Minuten
bei 180 °C im Ofen backen. Vorbereitete Speck- und Zwiebelwürfel
in Butter glasig schwitzen, das Gemüse zugeben und mit Salz, Pfeffer
und Champagneressig abschmecken. Zum Schluss die Petersilienstreifen
zugeben.

4. Das Gemüse auf die Teller verteilen, die Wachtelbrust aufschneiden und
aufsetzen, mit etwas Sauce umträufeln.

TIPP

In das Wasser für
die Steckrübe etwas
Kurkuma (Gelbwurz)
geben, damit die
Steckrübe gelb leuchtet.

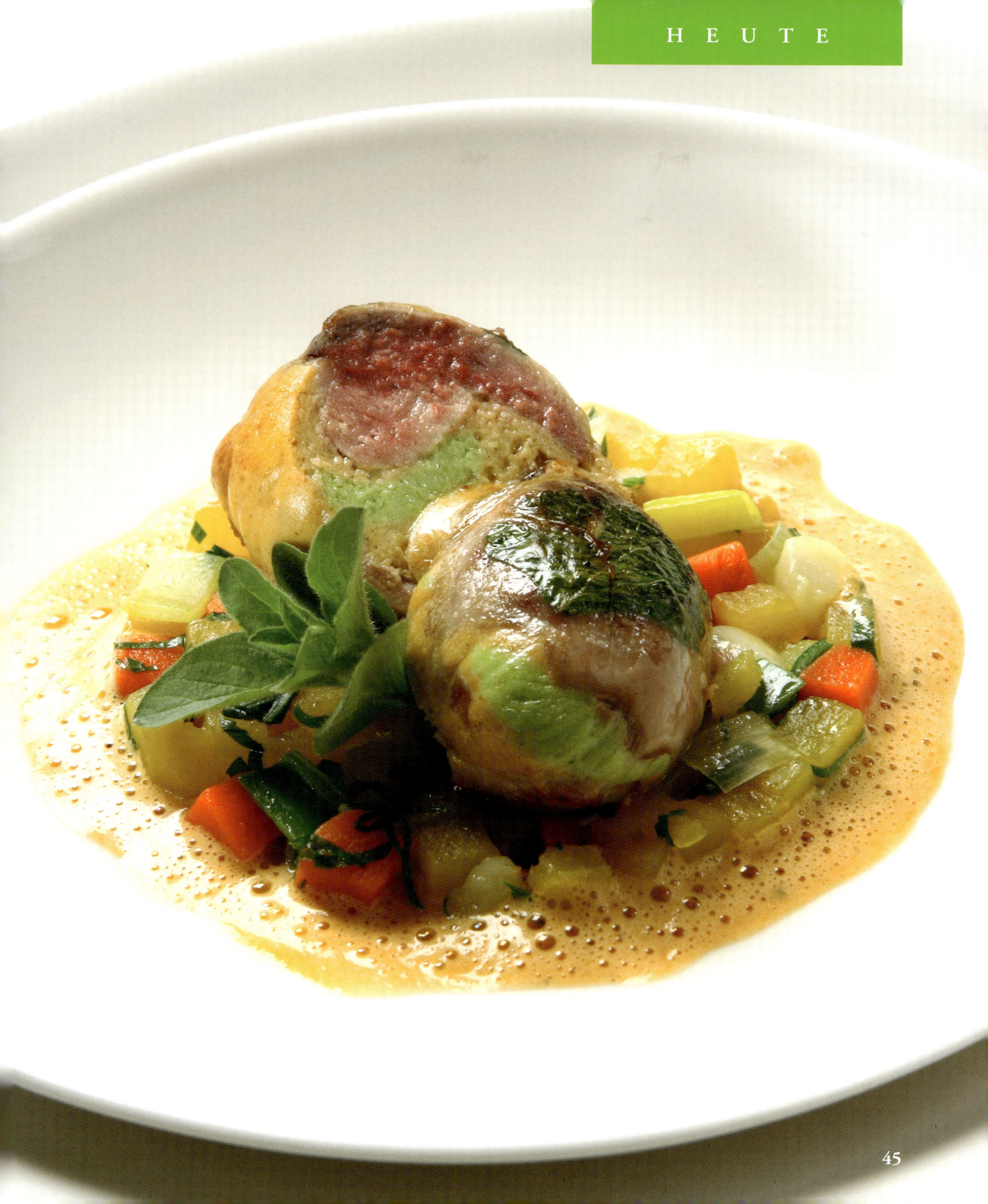

GESCHMORTES KALBSBÄCKCHEN MIT TRÜFFELJUS UND STECKRÜBE

Kalbsbäckchen: 500 g Kalbsbäckchen, Salz, Pfeffer, 80 g Butterschmalz, 2 Tomaten, 2 Zwiebeln, 1 Stange Bleichsellerie, 100 ml Rotwein, 300 ml Kalbsfond, 100 ml Trüffelfond, 1 Lorbeerblatt, 10 Pfefferkörner, 20 g schwarzer Wintertrüffel, etwas Butter

Steckrübe und Trüffeljus: 1 kg Steckrüben + 250 g vorbereitete Steckrüben fürs Püree, 2 Äpfel (Granny Smith oder Boskop), Salz, weißer Pfeffer, 80 g durchwachsener Speck, 2 Schalotten, etwas Butter, 150 g Kartoffeln, 250 g Sahne, Zucker, schwarzer Pfeffer, 250 g Sahne, 60 g Zucker, 8 Eigelb, Trüffelabschnitte

ZUBEREITUNG

Kalbsbäckchen

1. Kalbsbäckchen waschen und von Haut, Sehnen und Fett befreien, dann salzen und pfeffern. Butterschmalz in einem Topf erhitzen und die Kalbsbäckchen darin anbraten. Tomaten vierteln, Zwiebeln abziehen und würfeln. Bleichsellerie waschen und in feine Ringe schneiden. Tomaten, Zwiebeln und Sellerie zum Fleisch geben und mitrösten lassen. Zuerst mit dem Rotwein, dann mit Kalbs- und Trüffelfond ablöschen (übergießen). Das Ganze mit ca. 200 ml Wasser aufgießen. Topf in den Backofen stellen und die Bäckchen bei 150 °C ca. 2,5 Stunden schmoren, dabei regelmäßig mit dem Schmorsud übergießen. Den Sud durch ein feines Sieb passieren. Dann Lorbeerblatt und Pfefferkörner hinzugeben und die Sauce einkochen, dabei das sich absetzende Fett mit einer Kelle abschöpfen. Trüffel sehr fein hacken und in etwas Butter anschwitzen. Dann den entfetteten Schmorfond dazugeben und etwas köcheln lassen.

Steckrübe und Trüffeljus

1. Für den Steckrüben-Apfel-Turm Steckrübe und Äpfel schälen. In etwa 2 mm dünne Scheiben schneiden. Beides getrennt kurz in kochendem Wasser ziehen lassen. Dann Kreise von ca. 3 cm Durchmesser ausstechen. Steckrübenkreise mit Salz und Pfeffer würzen und dann mit den Apfelkreisen abwechselnd schichten. Die Steckrübenreste für die Steckrübensahne beiseitelegen.

TIPP

Die frischen Wintertrüffel können auch durch ein gutes Trüffelöl ersetzt werden.

2. Fürs Steckrübenpüree Speck würfeln. Schalotten abziehen und ebenfalls fein würfeln. Butter in einem kleinem Topf zerlassen und Speck und Schalotten darin anschwitzen. Kartoffeln schälen und mit der Steckrübe zugeben. 250 Gramm Sahne zugießen. Langsam weich kochen. Mit Pfeffer, Salz und etwas Zucker würzen und durch ein Sieb streichen.

3. Für die Steckrübensahne Steckrübenabschnitte mit 250 g Sahne gar kochen, mit Salz und schwarzem Pfeffer würzen und durch ein feines Sieb streichen. Dann in einen Sahnesyphon füllen und warm stellen.

4. Für das Trüffeljus Steckrübenpüree, Sahne und 30 g Zucker aufkochen. Eigelb und restlichen Zucker im Wasserbad aufschlagen. Steckrüben-sahne dazugeben und zur Rose abziehen, das heißt solange schlagen, bis es dickflüssig wird. Dann die Masse in einer Eismaschine frieren.

VON FELD UND ACKER

Mit kulinarischen Kapriolen bei Tisch durfte man in früheren Zeiten selbst dem Adel nicht kommen. Viel sollte es sein, denn schließlich wollte man satt werden. Da boten sich kräftige Eintopfgerichte an, gekocht aus den typischen Gemüsesorten des Nordens: Kartoffel und Steckrübe. Noch heute liebt der Norddeutsche seine Eintopfgerichte, aber die Früchte der Felder haben sich heutzutage auch einen Platz in der Spitzengastronomie erobert. Die Profis am Herd, Feinschmecker und Hobbyköche haben längst ihr Herz für Knolle und Rübe entdeckt. Denn Kartoffel und Co. sind nahr- und schmackhaft und vielseitig in der Küche einsetzbar.

KNOLLEN AUS DEM KARTOFFELLAND

Sie heißen Emma, Gitta, Leyla und Sieglinde. Sie tragen ein gelb-rosa oder ein gelb-bräunliches Kleid, ein blaues oder feurig rotes. Ob oval oder rund, schlank oder dick: Die Norddeutschen lieben sie alle. Die Rede ist von Kartoffeln, den dollen Knollen, von denen jeder Bundesbürger 70 Kilogramm im Jahr verspeist, die Norddeutschen noch mehr.

Was darf es sein? Mehlige Kartoffeln oder festkochende? Bratkartoffeln, Kartoffelgratin, Kartoffelsalat, Pellkartoffeln, Petersilienkartoffeln, Kartoffelpuffer, Kartoffelbrei? Schier unendlich sind die Möglichkeiten der Zubereitung.

Das Land zwischen den Meeren ist nicht nur das Land, wo der Raps blüht und die Milch in Strömen fließt, sondern auch ein Kartoffelland. 200.000 Tonnen holen die schleswig-holsteinischen Bauern jedes Jahr vom Feld. Die große Sortenvielfalt der Kartoffelbauern bietet für jeden Geschmack die richtige Knolle: Afra, Cilena, Linda, Marabell, Prinzess und ihre vielen Verwandten garantieren Abwechslung auf unseren Tellern. Einige Landwirte bereichern die Kartoffelvielfalt noch um alte, besonders schmackhafte Sorten wie das Bamberger Hörnchen oder Hermanns Blaue. Wegen der wertvollen Inhaltsstoffe und vielfältigen Zubereitungs-

möglichkeiten verdient die Knolle große Aufmerksamkeit. Die Kartoffel ist eines unserer wichtigsten Nahrungsmittel. Hochwertiges pflanzliches Eiweiß, wichtige Kohlenhydrate, Mineralstoffe und Spurenelemente sowie die Vitamine A, B1, B2 und C sind für unsere Gesundheit unerlässlich. Dazu sorgen Ballaststoffe für die Verdauung und einen gesunden Stoffwechsel. Die Kartoffel eignet sich auch für die Ernährung von Figurbewussten, denn 100 Gramm Kartoffeln haben nur 68 Kalorien!

ANFÄNGLICHE SKEPSIS

In den Andenstaaten Südamerikas wurde sie schon vor rund 2.000 Jahren kultiviert. Im 16. Jahrhundert kam das „Gold der Inkas" dann nach Deutschland, doch es brauchte noch 200 Jahre, bis der Erdapfel, die Kartoffel, auch hier heimisch und populär wurde. Erst während der großen Hungersnot im 18. Jahrhundert überwand die Bevölkerung ihre Skepsis gegenüber der bis dahin für giftig gehaltenen Pflanze. Kaum zu glauben, dass die Erdknolle es im Kartoffelland Deutschland am Anfang so schwer hatte. Trotz großer Hungersnöte konnte Friedrich der Große der bäuerlichen Bevölkerung die damals noch exotische Pflanze nur durch eine List schmackhaft machen. So erzählt jedenfalls eine Anekdote: Er ließ ein Kartoffelfeld nahe Berlin von seinen Soldaten streng bewachen. Sein Plan ging auf: Was wie ein Schatz bewacht wird, muss wertvoll sein. Die Neugier der Bauern war geweckt. Sie stahlen Kartoffeln und bauten sie selber an. Im Siebenjährigen Krieg (1756–1763) wurde die Kartoffel zu einem Grundnahrungsmittel. Aber ohne den „Kartoffelbefehl" des Alten Fritz von 1756/57 zur Kultur, Ernte, Lagerung und Verwendung der Knolle wäre Schleswig-Holstein wohl niemals Kartoffelland geworden.

KEIN WINTER OHNE STECKRÜBE

Ähnlich beliebt wie die Kartoffeln sind im Norden die Rüben. Besonders die Steckrübe hat es den Menschen angetan. Die Rübe, auch bekannt als Kohlrübe (Brassica napus), ist eine Kreuzung von Herbstrübe und Kohlrabi und stammt ursprünglich aus dem westlichen Mittelmeerraum. Die Steckrübe wird im Herbst geerntet und kann den ganzen Winter über gelagert werden.

Wie die Kartoffel ist sie ein gesundes, ernährungs-physiologisch wertvolles Wurzelgemüse, einerseits kalorienarm (84 Prozent Wassergehalt), andererseits reich an Traubenzucker, Eiweiß, Fett, Kalzium, Pro-vitamin A und den Vitaminen B1, B2 und C. Roh schmeckt die Rübe herb und erdig, gekocht entfaltet sie ihr prächtiges, süßliches Aroma.

Aus der unscheinbaren Rübe lassen sich herrliche Pürees bereiten. Auch für Aufläufe, Eintöpfe und als Begleiter für Fisch- und Fleischgerichte ist sie ideal. In Schleswig-Holstein sind der aus Rüben, Kartoffeln und Schweinefleisch gekochte Steckrübeneintopf sowie Rübenmus echte Küchenklassiker. Beim „Lü-becker National" wird ein Teil der Steckrüben durch Möhren ersetzt, jede Region hat so ihre besondere Zubereitungsart. Auch „gestovte" Steckrüben kennt man, fein gewürfelte Steckrüben werden in einer hellen Mehlschwitze zu Fleisch gereicht. Nach dem berüchtigten „Kohlrübenwinter" 1916/17 waren die Rüben lange Zeit verrufen. Da die Ernteerträge bei Getreide und Kartoffeln durch den kriegsbedingten Mangel an Arbeitskräften, -maschinen, -gerät und Düngemitteln stark zurückgingen, nahm die Steckrübe die Stelle der Kartoffel als Grundnahrungsmittel ein. Die Rübe wurde in dieser Zeit sogar für Nachspeisen verwendet. Das prägte lange Zeit das kollektive kuli-narische Gedächtnis negativ. In der Folgezeit, als es wieder aufwärts ging, waren Steckrüben unpopulär und es wurden fast ausschließlich Futterrüben ange-baut. Mit der Rückbesinnung auf die traditionelle Küche werden sogar in der Gourmetküche wieder Steckrüben verwendet und es gilt: kein Winter ohne Steckrübenessen.

Auswärts essen: Von der gutbürgerlichen zur feinen Regionalküche

Eine gute Küche muss mit der Zeit gehen. Das war auch die Maxime von Auguste Escoffier (1846–1935), der um die Jahrhundertwende die „Grande Cuisine" nachhaltig reformierte. Er war der erste Koch von Rang, der konsequent den bis heute üblichen „russischen Service", die Gerichte nacheinander aufzutragen, umsetzte. Vorbei waren die Zeiten, wo mehrere Gänge gleichzeitig aufgetischt wurden und die Speisen vor allem repräsentativen Zwecken dienten. Die Kunst der Köche und der Genuss der Speisen rückten in den Mittelpunkt.

Bedeutsam war auch Escoffiers Postulat, nur Verzehrbares für kulinarische Kompositionen zu verwenden. Bis in die zweite Hälfte des 20. Jahrhunderts prägte sein „Kochkunstführer" die internationale Küche. In den 1860er Jahren besann man sich in Frankreichs Küchen schließlich auf den Erhalt und die Verfeinerung des natürlichen Geschmacks der Grundprodukte. Beilagen und Saucen sollten harmonisch aufeinander abgestimmt sein. Was heute – zumindest in der gehobenen Gastronomie – selbstverständlich ist, war damals eine Revolution. Die Nouvelle Cuisine fegte wie ein Orkan durch Frankreichs Gastronomie und löste nachfolgend auch das deutsche Küchenwunder aus. Die „Neue Küche" wurde überall im Lande zur Grundlage der anspruchsvollen Gastronomie. Auch wenn die Nouvelle Cuisine längst der Vergangenheit angehört, viele mit ihr nur kleine Portionen auf großen Tellern verbinden, ohne die Bewegung gäbe es in Deutschland und Schleswig-Holstein nicht das hohe kulinarische Niveau, die Vielzahl an Sternerestaurants und das schleswig-holsteinische Küchenwunder, die „Neue-Schleswig-Holstein-Küche".

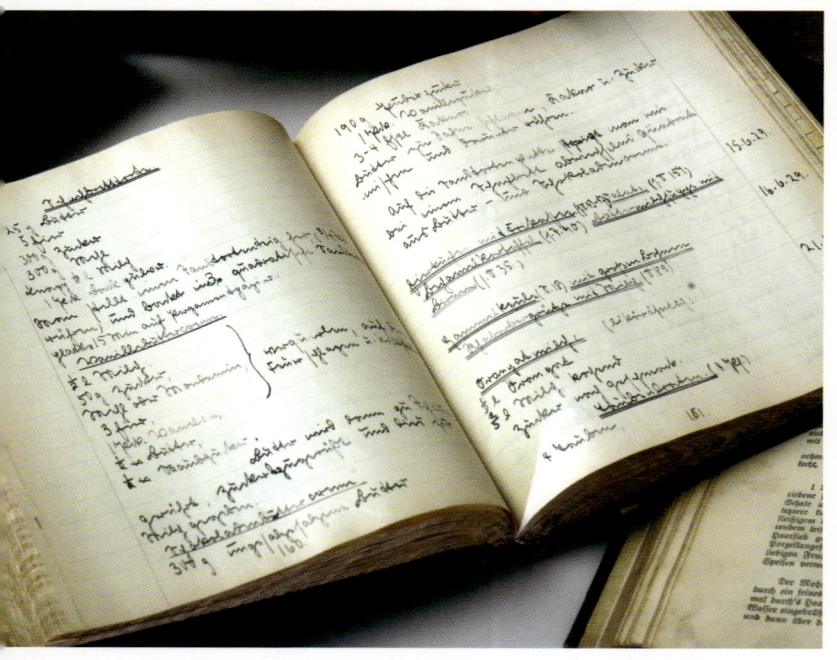

Die neue Schleswig-Holstein-Küche

Nach dem Wirtschaftswunder folgte in den 1970er Jahren das deutsche Küchenwunder. Die Gäste wurden anspruchsvoller, gutes Essen und guter Wein wurden zum Kulturgut. Auch die traditionell einfache, schwere Regionalküche des Nordens wurde schließlich reformiert. Dem Zeitgeist entsprechend etablierte sich Anfang der 80er Jahre in Schleswig-Holstein eine anspruchsvollere Küche. Die in der Gastronomie meist angebotene bürgerliche Küche war beliebig geworden. „Wiener Schnitzel" und „Regenbogenforelle" standen allerorts auf der Speisenkarte. Frische Küche war selten. Gemüse war „Beilage" und kam aus der Dose, Kartoffeln aus dem Glas oder sie wurden in Form industriell gefertigter Kroketten oder Pommes frites angeboten.

Doch seit den 80er Jahren brachten Sterneköche wie Jörg Müller die Nouvelle Cuisine nach Sylt und arbeiteten Gastronomen wie Hans Hansen-Mörck an der Verbesserung der schleswig-holsteinischen Küche. Der Patron des ältesten Krugs in Schleswig-Holstein verstand sich im besten Sinne des Wortes als Gastgeber, baute den Historischen Krug in Oeversee zum schmucken Hotel aus, eines der ersten Romantik-Hotels, und führte in seinem Haus bis Anfang der 80er Jahre ein gutbürgerliches Restaurant mit regionaler Prägung. Vom „Bauernfrühstück" bis zum „Pariser Pfeffersteak" (mit Pommes frites und Salat) reichte das Angebot.

Das Familienunternehmen war immer mit der Zeit gegangen, hatte sich am Zeitgeist und den Wünschen der Gäste orientiert. Hans Hansen-Mörck registrierte das Sterben traditioneller Gasthöfe in der Nachbarschaft. Die alte Landküche galt nichts mehr, die gutbürgerliche Küche begeisterte immer weniger. Und die Ideen der Nouvelle Cuisine drangen auch in den Norden. Hansen-Mörck entschloss sich, das Neue aufzunehmen, ohne das Alte aufzugeben, beides produktiv zu verbinden – so wie er sein Haus immer geführt hatte.

Unverwechselbarer Charakter

Hans Hansen-Mörck begab sich auf die Suche nach dem unverwechselbaren Charakter der schleswig-holsteinischen Küche. Die Natur und die Ernten sollten wieder den Speiseplan bestimmen und die Produkte der Region die Hauptrolle auf den Tellern spielen. Die Zubereitung regionaler saisonaler Produkte, und zwar in möglichst guter Qualität, war ihm ein besonderes Anliegen. Er wollte die Ideen der Nouvelle Cuisine und die alte schleswig-holsteinische Landküche kreativ verbinden. Schließlich basierte die französische Kochkunst auch auf einer Landküche, nämlich der italienischen.

Er tauschte sich mit Kollegen aus, vor allem mit seinem väterlichen Freund und Nestor der neuen deutschen Küche, Rudolf Katzenberger. Mit seiner Frau Lenka, einer gebürtigen Tschechin, die Erfahrungen aus der böhmischen und ayurvedischen Küche beisteuerte und als Weitgereiste – ihre Wege führten sie nach Australien, Asien, Afrika und Süd-amerika – ihm neue Horizonte eröffnete. Er probierte mit Frau und Köchen, verwarf wieder, begab sich auf Spurensuche nach alten und neuen Rezepten, sprach mit den Gästen – ihnen sollte es schließlich schmecken – und entwickelte seinen Stil. Alte Rezepturen wurden überholt, Beilagen erhielten mehr Bedeutung, sollten harmonisch zum Fisch oder Fleisch passen, Saucen selbstverständlich selbst hergestellt werden. Der Eigengeschmack der Produkte sollte erhalten und verfeinert werden.

Lenka Hansen-Mörck war es, die nach dem Tod ihres Mannes 1994 mit dem Gourmet-Restaurant Privileg neue kulinarische Akzente setzte: die Bühne für die neue nordische Hochküche ihres Küchenchefs Bodo Lööck, der 1980 seine Lehre im Historischen Krug begann und nach einigen Wanderjahren 1988 zum

Küchenchef aufstieg. Der leidenschaftliche Koch hat die Entwicklung der neuen Regionalküche maßgeblich begleitet und mitgeprägt.

So entstand in einem langen Lernprozess eine neue leichte und aromastarke Schleswig-Holstein-Küche, eine Küche, die heute in zahlreichen Häusern im Land angeboten wird und die gastronomische Landschaft prägt. Aus einem deftigen Steckrübeneintopf wurde eine „Stechrübenconsommé mit Edelkrebsen", aus sauer eingelegter Rote Bete ein aromatisches „Rote-Bete-Carpaccio" mit holsteinischem Blauschimmelkäse, aus einem Hammeleintopf wurde ein „Carrée vom Deichlamm mit Minzsaft mit Auberginen-Nigellakompott". Die neue Regionalküche wird bis heute ständig weiterentwickelt. Mediterrane und asiatische Einflüsse werden mutig aufgenommen. Durch neue Kochtechniken und Garmethoden (Niedrigtemperatur) werden Produkte noch schonender gegart und entwickeln noch mehr Geschmack.

REGIONALE PRODUKTE

Zu einer guten regionalen Küche gehören gute regionale Lebensmittel. Eine Binsenweisheit. Nur war es in den 80er Jahren gar nicht so einfach, gute regionale Lebensmittel zu bekommen. Die Partner-

schaft zwischen Koch und Landwirt war damals keine Selbstverständlichkeit. Hans Hansen-Mörck und seine Crew leisteten hier Pionierarbeit. Sie machten sich auf die Suche nach landwirtschaftlichen Partnern, die ihnen die gewünschte Qualität lieferten. Die Produzenten lernten wie die Köche dazu. Qualität statt Quantität setzte sich durch. Heute bezieht Bodo Lööck fast 80 Prozent seiner in der Küche verwendeten Lebensmittel aus Schleswig-Holstein. Er kennt seine Bauern und Lieferanten und tauscht sich regelmäßig mit ihnen aus. Ein Bauer aus der Region mästet für ihn Hausschweine, die sich noch auf Weiden suhlen können. Die Gäste wissen und schätzen, woher die Produkte kommen. Kräuter zieht der Küchenchef selbst im großen parkähnlichen Garten des Hauses.

Die regionalen Produkte und der ständige Austausch mit den Landwirten ist ein wesentlicher Bestandteil der von Lenka und Hans Hansen-Mörck konsequent verfolgten Küchenphilosophie, einer Philosophie, die zum Krug und seiner Geschichte wie zur Landschaft passt.

EVENTS

Neben der Esskultur ging es Hans Hansen-Mörck auch darum, eine neue Tischkultur im Norden zu etablieren. Für ihn war Essen nicht nur ein biologisch notwendiger Akt, sondern eine kulturelle Handlung, die zelebriert werden sollte. Er wollte seinen Gästen etwas Besonderes, nicht Alltägliches bieten. Vor gut 20 Jahren war das visionär. So entwickelte der umtriebige Gastronom 1985 die Veranstaltungsreihe „Tafeln

zwischen den Meeren". 1986 ließ er sich von dem gerade aus der Taufe gehobenen Schleswig-Holstein-Musik-Festival und den heiteren, farbenfrohen Bildern seiner Frau Lenka Hansen-Mörck „Musizierende Köche" inspirieren. Im selben Jahr fügte er dem musikalischen Feuerwerk ein kulinarisches hinzu. Er verpflichtete Spitzenköche, vornehmlich aus Dänemark und Schweden, die unter dem Motto „Nordische Tafelfreuden" frische regionale Küche auf hohem Niveau auf den Tisch brachten. Ein Novum im Schleswig-Holstein. Ein Jahr später wurde daraus das „1. Schleswig-Holstein-Gourmet-Festival", Hansen-Mörck gab parallel unter demselben Titel ein Kochbuch heraus. In zwölf Betrieben wurde ein festliches Menü von Sterne- und Gastköchen zubereitet. Sternekoch und Präsident der Brillat-Savarin-Stiftung, Rudolf Katzenberger aus Rastatt, war der Gastkoch im Historischen Krug.

Über das Schleswig-Holstein-Gourmet-Festival kam es zwischen Hansen-Mörck und seinen Mitstreitern zu Meinungsverschiedenheiten. So musste er sein Festival anderen überlassen. Das Schleswig-Holstein-Gourmet-Festival fand ohne seinen Initiator weiter statt. Doch Hans Hansen-Mörck, der Visionär und schleswig-holsteinische Dickschädel, baute stattdessen die Nordischen Tafelfreuden zum angesehenen Festival der regionalen Kochkunst weiter aus und blieb der Motor der nordischen Gourmet-Bewegung.

GENUSSVOLLE HEIMAT

Die 80er Jahre können durchaus als Beginn eines „schleswig-holsteinischen Küchenwunders" bezeichnet werden. Ihr Patron: Hans Hansen-Mörck. In Sachen neue Regionalküche hat der Historische Krug Maßstäbe gesetzt. Auch kulinarische Festivitäten wie die Nordischen Tafelfreuden und das Schleswig-Holstein-Gourmet-Festival nahmen hier ihren Anfang. Das Bewusstsein für regionale Identität und das Interesse am genussvollen Essen ist gestiegen. Slow-Food-Gruppen und Feinheimisch-Vereinigungen entstanden.

Noch nie wurden so qualitativ hochwertige Lebensmittel, so schmackhafte regionale Spezialitäten produziert wie heute. Regionalität ist zu einem heimeligen Ankerplatz in einer unübersichtlich gewordenen globalisierten Welt geworden und sorgt für Geschmacksviel-

falt: Stellen wir uns mal vor, in der Gastronomie gäbe es nur noch Rucolasalat mit gehobeltem Parmesan. Um wie viel ärmer wären unsere Erfahrungen, unsere Geschmackserlebnisse, gäbe es nicht auch Häuser, in denen Salate mit Knoblauchrauke, Vogelmiere oder Queller, mit heimischen Wildkräutern und Rapsöl und altem Deichkäse angeboten würden?

Aquarell von Lenka Hansen-Mörck zum „1. Schleswig-Holstein-Gourmet-Festival".

Schon der berühmte Gastrosoph Brillat-Savarin bemerkte: „Das Geschick der Nation hängt von ihrer Nahrung ab." Dank der vielen guten Produzenten und der neuen Regionalküche ist es um Schleswig-Holstein gut bestellt. Ist die Attraktivität der regionalen Küche ein wichtiger Ausdruck für Lebenslust und Lebensqualität im Norden. In Schleswig-Holstein gibt es zum Glück viele gute Produzenten und eine neue, aufgeschlossene Regionalküche.

Aus See u

Welch Glück, wenn man wie die Schleswig-Holsteiner
gleich zwei Meere und zahlreiche Binnenseen vor der
Haustür hat – für Fischliebhaber ein Paradies.
Ein bisschen Butter oder Öl, etwas Weißwein oder
Sahne, einige Kräuter und schon wird aus einem
fangfrischen Fisch ein kulinarischer Hochgenuss.

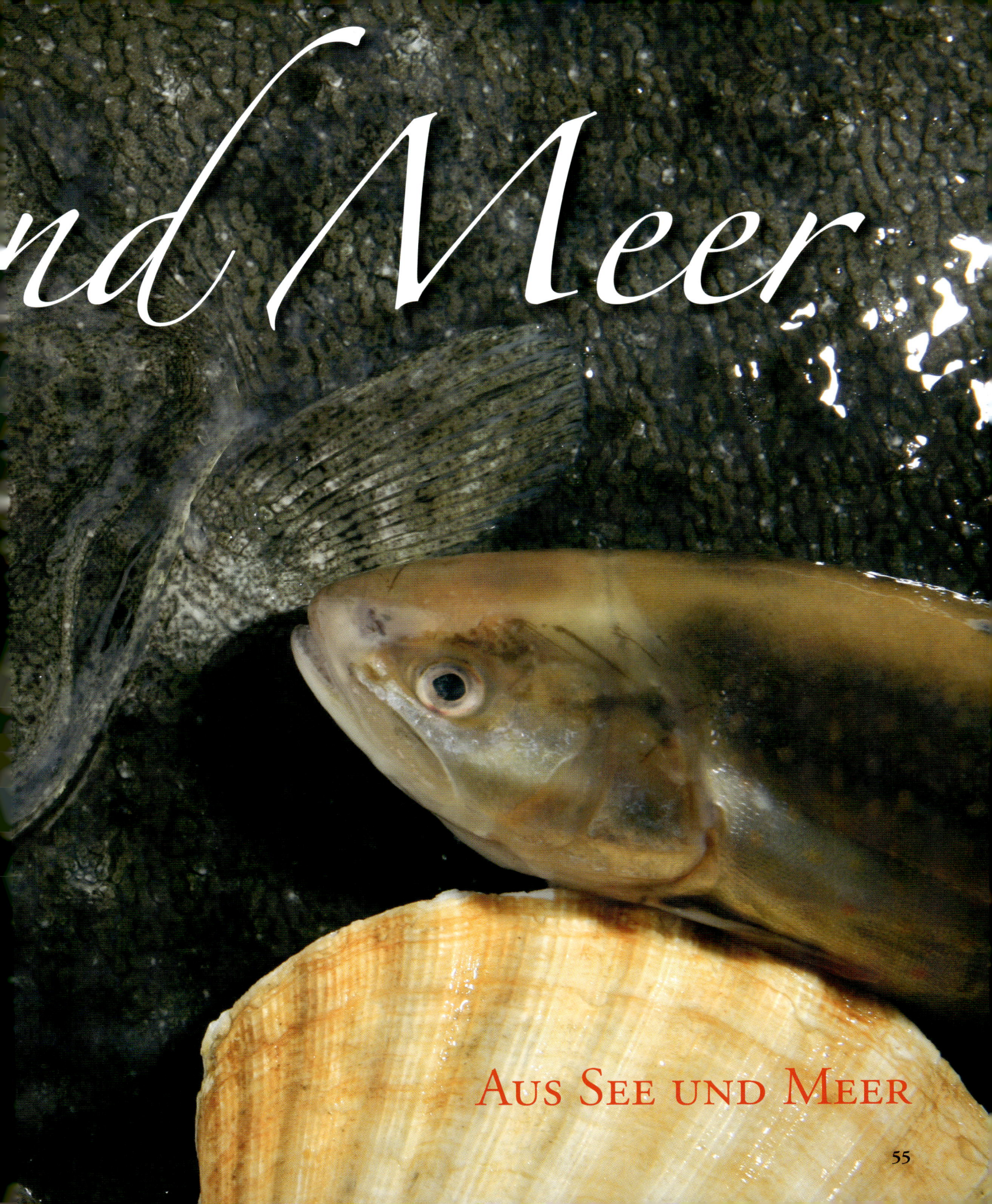

nd Meer

Aus See und Meer

BACHSAIBLING „MÜLLERIN"
MIT SAHNEMEERRETTICH

4 EL geschlagene Sahne, Salz, 1 Spritzer Zitronensaft, 1 EL Meerrettich, 1 Bund glatte Petersilie,
1 Bund Dill, 4 Stängel Zitronenthymian, 2 Zitronen, 4 frische Bachsaiblinge, 2 EL Mehl, Butterschmalz
zum Braten, 4 Portionen Kartoffeln, zerlassene Butter, etwas Sahnemeerrettich zum Garnieren

ZUBEREITUNG

1. Geschlagene Sahne mit einer Prise Salz und Zitronensaft würzen, den
    Meerrettich unterheben.

2. Petersilie, Dill und Zitronenthymian waschen und trocken schütteln.
    Blättchen bzw. Spitzen von den Stängeln zupfen und klein schneiden.
    Die Zitronen schälen und in Scheiben schneiden.

3. Bachsaiblinge waschen, trocken tupfen, salzen und den Bauchraum
    mit Dill, Petersilie (einige Blättchen zum Garnieren beiseitelegen) und
    Zitronenthymian füllen, anschließend Saiblinge in Mehl wenden und in
    Butterschmalz von beiden Seiten goldgelb braten.

1. In der Zwischenzeit Kartoffeln schälen und in Salzwasser gar kochen.

2. Die Bachsaiblinge auf Teller verteilen und Zitronenscheiben, etwas
    Petersilie und zerlassene Butter darübergeben. Neben den Saibling noch
    eine Zitronenscheibe legen und mit einem Spritzbeutel den Sahne-
    meerrettich aufspritzen. Dazu die Kartoffeln reichen.

TIPP

Wenn sich die
Rückenflosse leicht
herausziehen lässt, ist
der Fisch gar. Statt mit
Bachsaibling können Sie
dieses Rezept auch mit
Forellen zubereiten.

GEBACKENER BACHSAIBLING MIT JAKOBSMUSCHELN AUF GURKEN-LIMONEN-GEMÜSE

4 Filets vom Bachsaibling, 4 Jakobsmuscheln, 50 g Sahne, Salz, Piment d'Espelette, 4 Blätter Spinat, 50 g Sahne, 1 Ei, Mehl, Paniermehl, Rapsöl (oder ein anderes Pflanzenöl) zum Ausbacken, 2 Salatgurken, 2 Limonen, 100 ml Brühe, 100 g kalte Butter, 2 Zweige Dill, rote Kresse

ZUBEREITUNG

1. Saiblingsfilets von der Haut befreien, Bauchlappen und Schwanzspitzen so abschneiden, dass sie um eine Jakobsmuschel gewickelt werden können. Die Muscheln mit Hilfe eines spitzen Messers öffnen. Das Muschelfleisch herauslösen, dabei den grauen Rand vorsichtig abschneiden. Das Muschelfleisch waschen und auf Küchenkrepp abtropfen lassen. Die Reste (Bauchlappen und Schwanz) vom Saibling mit Sahne, Salz und Piment vermengen, anfrieren lassen und anschließend und im Mixer zur einer Farce (fein gehackte Masse) aufmixen.

2. Spinatblätter einmal durch kochendes Wasser ziehen, in Eiswasser abschrecken, auf ein Geschirrtuch legen. Auf die trockenen Spinatblätter je eine Jakobsmuschel legen und darin einwickeln. Saiblingsfilets mit der Farce bestreichen, die eingewickelte Jakobsmuschel drauflegen und die Saiblingsfilets aufrollen. Das Ei verquirlen. Saiblingsröllchen nacheinander in Mehl, Ei und Paniermehl wälzen und im Fettbad 3 Minuten bei 160 °C ausbacken.

3. Die Gurken schälen und längs mit dem Sparschäler in Streifen schneiden. Limonen filetieren. Die Brühe aufkochen und mit der kalten Butter aufschlagen, Gurkenstreifen und Limonenfilets zugeben, kurz köcheln. Dill waschen, trocken schütteln und die Spitzen von den Stängeln ziehen. Dillspitzen fein hacken. Dill zum Gurkengemüse geben.

   Das Gurkengemüse mit etwas Butterfond auf den Teller geben, die Saiblingsrolle aufschneiden und daraufsetzen. Mit roter Kresse garnieren.

TIPP

Sie können das Rezept auch mit Forellen oder Lachsforellen zubereiten. Für eine Farce die Zutaten immer kurz anfrieren, weil das Eiweiß so beim Mixen durch die Reibungswärme nicht so leicht gerinnt.

Pochierter Saibling mit Seeigel, Bärlauchpüree, Paprika und sphärischen Oliven

Saibling und Seeigel: 20 g Butter, 1 Schalotte, 4 Saiblingsfilets à 180 g, Salz, weißer Pfeffer, 50 ml Sekt, je 2 gelbe und 2 rote Paprika, Thymian, Olivenöl, 1 Knoblauchzehe, 1 Schalotte, 2 Champignons, 50 g Seeigelzungen, Schale und Saft von 1 Limette, 14 Wantanblätter (Asia-Laden), 1 Eiweiß, Öl zum Ausbacken

Bärlauchpüree und Oliven: 250 g Bärlauch, 30 g Olivenöl, 400 g Karoffelpüree, 100 g grüne, entsteinte Oliven, 0,25 g Xantan, 0,40 g Calcic, 2,5 g Algin, 100 ml Olivenöl, einige Thymianspitzen

ZUBEREITUNG

Saibling und Seeigel

1. Ein Backblech mit Butter einreiben. Schalotte abziehen und fein würfeln. Schalottenwürfel auf dem Blech verteilen. Saibling abspülen, trocken tupfen und darauflegen. Mit Salz und Pfeffer würzen und mit Sekt begießen. Die Filets 12 Minuten in den auf 56 °C vorgeheizten Backofen geben. Der Fisch sollte im Kern noch glasig sein.

2. Paprika waschen und auf ein Backblech setzen. 15 Minuten bei 250 °C im Backofen garen, dann Paprika in eine Plastiktüte geben und abkühlen lassen. Paprika häuten, in Quadrate schneiden und in etwas Olivenöl und Thymian erhitzen.

3. Knoblauch und Schalotte abziehen und fein würfeln. Champignons. putzen und ebenfalls fein würfeln. Die Zutaten in etwas Butter anschwitzen. Seeigelzungen ebenfalls würfeln und mit in die Pfanne geben. Mit Limettenschale, etwas Limettensaft und Salz abschmecken und abkühlen lassen. Wantanblätter am Rand mit Eiweiß einstreichen, mit dem Ragout füllen, zusammendrücken und in 140 °C heißem Öl ausbacken.

Bärlauchpüree und Oliven

1. Bärlauch waschen, trocken schütteln und mit dem Öl in einem Mixer fein pürieren. Kartoffelpüree zubereiten und kurz vor dem Anrichten die Bärlauch-Paste darunter rühren.

TIPP

Zutaten aus der Molekularküche wie Xantan, Calcic, Algin und den Molekularlöffel bekommen Sie über die Firma Bos Food. Die sphärischen Oliven können bis zu vier Tage im Vorraus gemacht werden.

2. Oliven mit etwas Flüssigkeit (Olivenfond, Wasser) zu einer leicht dick-
flüssigen Masse pürieren. Xantan und Calcic in die Olivenmasse rühren.
Algin in 500 ml Wasser auflösen. Die Olivenmasse mit einem 5,0 ml-
Molekularlöffel (oder kleinem Ausstecher) vorsichtig in die Alginlösung
geben. Die Masse 4 Minuten in der Lösung ziehen lassen. Dann mit
dem Molekularschaumlöffel aus der Lösung nehmen und in ein kaltes
Wasserbad geben. Aus dem Wasserbad entnehmen und in ein Gefäß mit
Olivenöl und ein Paar Thymianspitzen geben.

3. Saibling auf Teller verteilen. Mit Bärlauchpüree, Paprika, Wantans
anrichten.

Nordsee-Steinbutttranche in Kapernbutter mit Blattspinat

800 g frischer **Blattspinat**, 2 Zitronen, einige Stängel Blattpetersilie, 2 Tomaten, 250 g Butter, 4 Steinbutttranchen à 220 g (aus einem 4-kg-Steinbutt geschnitten), Salz, Mehl, 1 kleine Zwiebel, ½ **Knoblauchzehe**, Muskatnuss, einige Kapern

ZUBEREITUNG

1. Den Blattspinat waschen und die Stiele entfernen, große Blätter halbieren. Zitronen schälen und filetieren. Petersilie waschen, trocken schütteln, die Blätter von den Stängeln zupfen und in Streifen schneiden. Von den Tomaten den Stielansatz herausschneiden, Tomaten in kochendes Wasser tauchen und im Eiswasser abschrecken. Anschließend Tomaten häuten, vierteln, entkernen und in Würfel schneiden.

2. Die Butter aufkochen, bis sich der Molkeanteil der Butter absetzt und die Butter klar wird. Die Butter durch ein Tuch sieben und beiseitestellen.

3. Den Steinbutt salzen, in Mehl wenden und in etwas geklärter Butter von beiden Seiten goldgelb braten. Die Pfanne mit dem Steinbutt für vier Minuten bei 180 °C in den vorgeheizten Backofen geben.

4. Zwiebel und Knoblauch schälen und fein würfeln. Zwiebelwürfel und Knoblauch in einer Pfanne mit etwas Butter glasig dünsten und den Spinat zugeben, mit Salz und Muskatnuss würzen. Mit einem Deckel verschließen.

5. Den Spinat auf die Teller verteilen, die Steinbutttranche daraufsetzen. In der Steinbuttpfanne die restliche geklärte Butter mit Kapern, Tomatenwürfeln und Zitronenfilets erwärmen. Kurz vor dem Servieren die Petersilie zugeben und auf dem Steinbutt verteilen. Dazu Kartoffeln reichen.

TIPP

Sollten Sie keinen großen Steinbutt bekommen, lässt sich das Gericht auch mit Filets von kleineren Steinbutten zubereiten.

Steinbutt in Mumbai-Curry in Erbsenveloute mit Wiemersdorfer Spargel

12 Stangen weißer Spargel, 100 ml Brühe, 100 g Sahne, etwas Speisestärke, 6 Blätter Minze, 80 g Erbsen, etwas Öl zum Frittieren, 4 Steinbutttranchen à 160 g, Mumbai-Curry, Salz, Butter oder Rapsöl zum Braten

ZUBEREITUNG

1. Den Spargel schälen und auf die gewünschte Länge schneiden. Spargelschalen und restliche Abschnitte mit der Brühe aufkochen. Spargel in ein Sieb geben und die Brühe auffangen.

2. Brühe wieder in den Topf geben und die Sahne zugeben. Unter Rühren zu einer Sauce einkochen. Die Sauce leicht mit etwas Speisestärke binden, dann mit 2 von den Minzeblättern und den Erbsen im Mixer aufmixen. Die Erbsenveloute durch ein Sieb streichen und beiseitestellen. Die restliche Minze kurz in Öl frittieren.

3. Den Steinbutt mit Curry und Salz würzen und bei mittlerer Hitze in der Pfanne mit Butter und Rapsöl (oder einem anderen Pflanzenöl) saftig braten. Den Spargel auf Biss kochen.

4. Den Spargel auf Teller verteilen und mit der Erbsenveloute umgießen. Den Steinbutt daraufsetzen und mit der gebackenen Minze garnieren.

TIPP

Je größer der Steinbutt, desto saftiger die einzelnen Stücke. Idealgewicht: 4 – 6 Kilo.

STEINBUTT AUF ESSENZ VOM SERANO MIT BELUGALINSEN UND WEISSEM TRÜFFELSCHAUM

Steinbutt auf Serano: 4 Steinbutttranchen à 160 g, 50 g Butterschmalz, 1 Rosmarinzweig, 1 Thymianzweig, 1 Lorbeerblatt, 1 Knoblauchzehe, 40 g Butter, Meersalz, 1 l Kalbsfond, 500 g Seranoschinkenstücke, 1,4 g Lota

Belugalinsen: 2 Schalotten, 1 Knoblauchzehe, 100 g Chorizo, 30 ml Olivenöl, 300 g Belugalinsen, 1 l Geflügelbrühe, Salz, Pfeffer, 50 ml Balsamico-Essig

Trüffelschaum: 100 g weißer Portwein, 300 g Sahne, 1 Prise Salz, 1 TL Zucker, 1 TL Trüffelöl, 10 g kalte Butterwürfel, etwas geschlagene Sahne

ZUBEREITUNG

Steinbutt auf Serano

1. Steinbutttranchen in einer beschichteten Pfanne bei schwacher Hitze in Butterschmalz langsam auf der Hautseite anbraten. Kräuter und Knoblauch darauflegen. Nach etwa 4 Minuten den Fisch wenden, die Butter zugeben. Pfanne vom Herd nehmen und den Fisch gar ziehen lassen. Kurz vorm Anrichten die Haut abziehen und mit etwas Salz würzen.

2. Den kalten Kalbsfond mit den Schinkenabschnitten langsam zum Köcheln bringen und auf die Hälfte einkochen lassen. Das Ganze durch ein feines Sieb passieren, mit Lota abbinden, auf ein mit Backpapier ausgelegtes Backblech gießen und aus der erkalteten Essenz Kreise von 9 cm Durchmesser ausstechen.

Belugalinsen

1. Schalotten und Knoblauch abziehen und fein würfeln. Die Chorizo-Wurst ebenfalls fein würfeln. In einem Topf Olivenöl erhitzen und Schalotten, Knoblauch und Wurst darin andünsten.

2. Linsen zugeben und mit etwas Brühe angießen. Bei sehr geringer Hitze immer wieder mit Brühe nachfüllen, bis die Linsen gar sind. Mit Salz, Pfeffer und Balsamico abschmecken.

TIPP

Man kann natürlich die Schinkensorten frei wählen. Gut schmecken auch Pata Negra oder Holsteinischer Katenschinken.

Trüffelschaum

3. Portwein um die Hälfte einkochen, Sahne zugeben und leicht köcheln lassen. Mit Salz, Zucker und Trüffelöl abschmecken. Den Trüffelschaum mit den Butterwürfeln aufmixen.

VON FISCHEN UND FISCHERN

Fisch ist gesund, leicht und mit etwas Erfahrung relativ einfach zuzubereiten. Es ist schon erstaunlich, mit welch geringem Aufwand man ein leckeres Fischgericht hinbekommt. Hauptsache, der Fisch ist frisch. Ein bisschen Butter oder Öl, ein paar Kräuter, vielleicht etwas Weißwein oder Sahne und schon wird aus einem frischen Fisch ein kulinarischer Genuss. Frisch gefangen schmeckt Fisch am besten. Welch Glück, wenn man wie die Schleswig-Holsteiner gleich zwei Meere und zahlreiche Binnenseen vor der Haustür hat – für Fischliebhaber ein Paradies. Nirgendwo sonst kommen Neptuns Gaben – Aal, Barsch, Dorsch, Hecht, Hering, Lachs, Saibling, Scholle, Steinbutt und Zander – frischer auf den Tisch. Auch die Früchte des Meeres wie Krabben, Miesmuscheln und Austern lassen Feinschmeckerherzen höher schlagen. Doch vor dem kulinarischen Vergnügen kommt bekanntlich die Arbeit. Die Arbeit der See- und Kutterfischer, die täglich bei Wind und Wetter für fangfrischen Nachschub sorgen.

AM ANFANG WAR DER FISCHFANG

Der Fischfang gehört neben dem Sammeln von Früchten zu den ersten menschlichen Tätigkeiten.

Dort, wo sich Land und Meer berühren, siedelten sie sich an. Schon der Homo sapiens konnte mit einfachen Mitteln, ja sogar mit seinen Händen, sich etwas von den Gaben des Meeres aneignen. Er war ein Fischer. So ist es nicht verwunderlich, dass im von seinem natürlichen Reichtum seiner Meere, Flüsse und Seen geprägten Schleswig-Holstein der Fischfang zur frühesten Wirtschaftsform des Nordens gehörte. Zunächst zur Deckung des persönlichen Nahrungsbedarfs der Küstenbewohner, später als Erwerbsfischerei.

An den Küsten, wo zwischen den Gezeitenströmen das Wasser beim Ablaufen in Löcher und Vertiefungen stehen bleibt, ist jede Menge Meeresgetier zu finden. Ohne großen Aufwand konnte man schmackhafte Schätze des Meeres einsammeln. Später kamen gebaute Hindernisse wie Steinwälle, Zäune aus Rohr oder Reisig, Reusen und Stellnetze hinzu. Die Methoden des Fischfangs wurden im Laufe der Jahrtausende ständig weiterentwickelt und vervollkommnet. Uralt ist die Fischerei ohne jegliches Gerät zum Beispiel beim Fang vom heute bei Feinschmeckern so beliebten Steinbutt. Bei ablaufendem Wasser wurde der Schlamm, unter dem sich die Fische verstecken, mit bloßen Füßen oder den Händen abgetastet – schon war der Fisch gefangen.

OHNE FISCH NICHTS LOS

Der Reichtum der Hansestädte gründete vor allem auf dem Handel mit Fisch, besonders dem Hering aus Nord- und Ostsee, der zum Teil in sehr großen Mengen gefischt wurde. Heringe und Dorsche waren schon im Mittelalter ein Massenprodukt und Nahrungsmittel für breite Bevölkerungsschichten. Zwischen dem 16. und 18. Jahrhundert soll es Jahre gegeben haben, in denen die Heringe in so großer Zahl in die Schlei bei Schleswig schwammen, dass die Menschen sie aus dem Wasser schaufeln konnten. Es gab allerdings auch Jahre, in denen der Heringssegen ausblieb. Fromm wie man war, sprach man von einer „Strafe Gottes", einige Küstenbewohner glaubten, die Ursache läge darin, dass sie im letzten Jahr einen besonders großen, den „Königshering", gefangen hätten. Ohne ihn würden die Heringszüge den Weg nicht mehr finden. Doch zum Glück fanden sich ein Jahr später die Heringsschwärme wieder ein.

Seit dem 13. Jahrhundert waren die Fischer in Schleswig-Holstein in Zünften organisiert. Die Landesherren vergaben die Fischereirechte als Pacht und legten genau fest, wer in welchem Gewässer fischen durfte. An den Binnengewässern waren oft die Müller die Pächter, da ihre Mühlen an Bächen lagen. So erklärt sich auch der Fischklassiker „Forelle Müllerin", die bekanntlich vor dem Braten mit Mehl bestäubt wird. Auch der Aalfang in den anliegenden Gewässern war häufig Sache der Müller. Der Müller des Klosters Preetz musste im 13. Jahrhundert nicht nur Mehl, sondern auch 300 Aale jährlich an den Landesherren abtreten.

KÜSTENFISCHEREI

Die in Schleswig-Holstein vorherrschende Küstenfischerei unterschied sich grundlegend von der Hochseefischerei. Mit ihren nur bedingt seetüchtigen Booten blieben die Fischer lieber in Ufernähe. Die Einkünfte der Fischer waren nicht gerade üppig, ihre soziale Stellung entsprechend niedrig. Nur in der Nähe größerer Städte, wo der Verkauf zu guten Preisen gesichert war, konnten die Fischer und ihre Familien gut leben. Hier entwickelten sich im Mittelalter regelrechte Fischersiedlungen wie in Schlutup und Gothmund bei Lübeck, in Ellerbek bei Kiel und – heute noch zu besichtigen – am Schleswiger Holm.

Im 19. Jahrhundert kam es in Schleswig-Holstein zu einem Aufschwung in der Fischerei. Mit besseren Booten konnten die Fischer nun auch die Fischgründe auf offener See erreichen. Die Fänge wurden größer, die Nachfrage nach Fisch stieg, neue Verarbeitungs- und Transportmethoden machten den Handel mit Fisch attraktiver. Nun entstanden neue Fischereistandorte, wie etwa in Eckernförde an der Ostsee oder in Büsum an der Nordsee. Die zahlreichen Fischkutter bestimmten die Silhouetten der Häfen. Große Fischräuchereien und -konservenfabriken siedelten sich an. Die Fischware wurde ins ganze damalige Reich geliefert. Geräucherte Fischware wie die Kieler Sprotten wurden zur überall geschätzten Delikatesse. Mit der zunehmenden Intensivierung der Hochseefischerei im 20. Jahrhundert verlor die Küstenfischerei langsam an Bedeutung.

Der meiste Fisch wird heute von hochtechnisierten Fangschiffen und Hochseeflotten erbeutet und an Bord gleich gefrostet, manchmal schon zu fertiger Tiefkühlkost verarbeitet. Doch noch laufen täglich auch die Nord- und Ostseekutter aus ihren kleinen idyllischen Häfen aus, um uns mit ihrer fangfrischen Ware zu erfreuen. Und was wäre Schleswig-Holstein ohne Fischmärkte, Heringstage, Krabbenwettpulen und den Verkauf frischen Fisches direkt vom Kutter? Die Zeiten sind vorbei, als man einen Eimer Heringe für einen Groschen kaufen konnte. Fisch hat seinen Preis. Viele Arten sind wegen Überfischung selten geworden, gleichzeitig steigt die Nachfrage nach Speisefisch, weil er gesund und kalorienarm ist. Schon Goethe wusste: „Es wird Natur durch keine Art gebessert."

Ob aus dem See oder dem Meer, ob Saibling oder Steinbutt: Hauptsache F®isch auf den Tisch!

Hotelgeschichten: Wohnen wie im Schloss

Seit Jahrtausenden reisen Menschen und müssen Quartier beziehen. Und doch ist das Hotel, wie wir es heute kennen, eine noch recht junge Einrichtung, eine „Erfindung" des 19. Jahrhunderts. Erst nach 1800, als größere Kreise des Bildungs- und Geldbürgertums die Vergnügungsreise für sich entdeckten, entwickelte sich die Hotellerie. Von Anfang an teilte sich das Hotel in zwei Bereiche, in den Gästebereich, die „Bühne" zum Repräsentieren und die dafür notwendige Infrastruktur, die vom öffentlichen Bereich streng abgeschirmt war. Zum öffentlichen Bereich der Luxushotels des 19. Jahrhunderts – mit ihnen begann die Karriere des Hotels, einfachere kamen erst mit dem Beginn des Massentourismus dazu – gehörten Eingangshalle mit Haupttreppe, die Gesellschaftssalons, Speisesaal, Restaurant, Festsaal. Das Zimmerangebot für die Gäste reichte vom einfachen Einzel- oder Doppelzimmer bis zur großzügigen Suite mit Salon, Schlafzimmer und Bad. Der Dienstleistungsbereich umfasste Küche, Wäscherei, Diensttreppen, Service und Rezeption. Wer sich das Hotel nicht leisten konnte, nächtigte im Privatquartier, in Gästehäusern oder Gasthöfen.

Prächtige Stadthäuser

Die ersten Hotels, wahre Prachtbauten, unterschieden sich kaum von adeligen Palais des Spätbarocks oder Klassizismus. So geht die Bezeichnung Hotel auch auf das französische Wort für das Stadthaus eines Adligen zurück. Ende des 19. Jahrhunderts, in der Belle Époque, steigerte sich die Prachtentfaltung, schuf sich das wohlhabende Bürgertum mit den Grand Hotels eine geeignete Bühne für das gesellschaftliche Leben. Auch an der Wahl der Namen, „Palace", „Majestic", „Royal", lässt sich der Anspruch des Großbürgertums auf Lebensformen, wie sie bis dato dem Adel vorbehalten waren, ablesen. Erfolgreich wirtschaftende Bürger hatten nun die finanziellen Mittel, um sich in einer quasi aristokratischen Umgebung einige Wochen des „Müßiggangs" zu leisten. Ein breites Angebot an Sälen und öffentlichen Räumen, Lese-, Rauch-, Spiel-, Musik- und Damensalon, bis hin zu eigenen Theatern wurde von den Gästen erwartet und geschätzt. Auch wenn die Pracht von einst vorbei ist, heute Profanes häufiger als Luxus anzutreffen ist, bleiben Hotels Orte der Sehnsucht und Verheißung. Ein Hotel ist heute noch etwas Besonderes.

Untrügliches Hotelgefühl

Wie so oft entscheidet sich alles in der ersten Sekunde. Ein Blick genügt. Manchmal ist es Liebe. Man tritt ein und weiß es. Ein untrügliches Gefühl sagt uns, wie sich die Beziehung gestalten wird. Es geht eigentlich nicht um viel. Es geht nicht um eine Ehe, nur um ein, zwei Nächte, ein, zwei Wochen vielleicht. In Ausnahmefällen kann sich die Sache auch länger hinziehen. Coco Chanel und Vladimir Nabokov lebten in Hotels. Auch

Udo Lindenberg residiert seit vielen Jahren in einer Suite des Hamburger Hotels „Atlantic". Schön, nichts mehr im Kopf behalten zu müssen als die Nummern von Roomservice und Kreditkarte.

Hotels sind Orte der Verzauberung. Hier treffen gesellschaftliches Leben und die Privatsphäre des Gastes aufeinander. Menschen kommen an, verweilen ein wenig, reisen wieder ab. Sie essen und trinken, sie lesen, hören Musik, flirten, feiern und schlafen. Ob hinter den „Nicht stören"-Schildern der Zimmer, in der Anonymität der Lobby oder in den Wäschekammern – hier ereignen sich Szenen, die man anderswo nicht erlebt. Vicky Baums Welterfolg „Menschen im Hotel" handelt davon.

Paris Hilton, Jetset-Sternchen und Liebling der Klatschpresse, sagte einmal: „Ein gutes Hotel lässt mich als Gast zur Wirkung kommen." Wie man sich in Szene setzt, bleibt dem persönlichen Stil überlassen, ein gutes Hotel stellt jedem Gast die passende Bühne zur Verfügung, um sich zu produzieren, oder bietet ihm einen Schonraum vor unerwünschter Öffentlichkeit, ganz nach Belieben.

Lenka Hansen-Mörck.

Leben für den Gast

Dass sie einmal zwei renommierte Hotels in Schleswig-Holstein leiten würde, war ihr nicht in die Wiege gelegt geworden. Sie wuchs auf einem Gutshof im ehemals böhmischen Gutenberg in der Nähe von Prag auf. Malerei und Schreiben interessierten Lenka Hansen-Mörck. Sie studierte Kunsterziehung, Literatur und Hauswirtschaftslehre an der Pädagogischen Hochschule und absolvierte das Referendariat als Lehrerin. 1972 folgte sie ihren Eltern und wanderte nach Australien aus. Von dort zog es sie um die Welt, kam sie nach Sri Lanka, wo sie zwei Jahre die ayurvedische Naturheilkunde studierte. In Hamburg machte sie eine Fortbildung an einer medizinischen Kosmetikschule. Das Schreiben behielt Lenka Hansen-Mörck immer bei. 1976 veröffentlichte sie das Kinderbuch „Die kleine Eisenbahn", das sie auch selbst illustrierte. 1980 lernte sie ihren späteren Mann Hans Hansen-Mörck, Patron des Historischen Krugs, kennen. Von ihm erwarb sie das Restaurant „Fischerhus" am Sankelmarker See in Oeversee. Aus der Geschäftsbeziehung wurde eine Liebesbeziehung, 1982 heirateten beide. Im Hotelbetrieb im kleinen beschaulichen Oeversee setzte sie alle ihre Fähig- und Fertigkeiten produktiv ein. Lenka Hansen-Mörck war angekommen und beeinflusste die Gastronomie und Hotellerie im hohen Norden durch ihre Kreativität maßgeblich.

1984 baute sie das erste Ayurveda-Gesundheitszentrum in Schleswig-Holstein auf. Angeschlossen ist eine große Wellnessanlage mit Schwimmbad und Bioschwimmteich. Das Ayurveda-Programm bekam mit seiner medizinischen

Behandlung, einer eigenen Küche und spezifischer Kosmetik eine ganzheitliche Ausrichtung, die ihresgleichen sucht. Die ayurvedische Küche entwickelte Lenka Hansen-Mörck zusammen mit ihrem Küchenchef Bodo Lööck. Ein interessanter Aspekt ist dabei, dass sehr viele Öle, die in der medizinischen und kosmetischen Behandlung eingesetzt werden, auch in der Ayurveda-Küche Verwendung finden. Unter anderem Sesamöl, das äußerlich wie innerlich eine stark reinigende Wirkung hat. Kalt gepresste Premiumöle für innen und außen. Die ayurvedische Küche mit ihren aromatischen Gewürzen und Ölen und ihren vorwiegend vegetarischen Gerichten ist für Bodo Lööck ein reizvoller Kontrast zu seiner neuen Regionalküche.

Seit dem Tod ihres Mannes 1994 führt Lenka Hansen-Mörck den Historischen Krug allein und baute ihn noch weiter aus. Neue Gästehäuser sind mittlerweile auf dem drei Hektar großen parkähnlichen Gelände entstanden. Heute sind 60 Zimmer im feinen Landhausstil auf sieben Gästehäuser verteilt. 1995 richtete sie mit dem Gourmetrestaurant „Privileg" die perfekte Bühne für die Kochkünste ihres Küchenchefs Bodo Lööck ein.

In ihrer Freizeit, meist am späten Abend, malt die Hotelchefin. Dabei verarbeitet sie, was sie tagsüber erlebt. Ihre Bilder, überwiegend Aquarelle, sind naiv, verspielt und erinnern auf den ersten Blick ein wenig an Marc Chagall. Ihre träumerischen Bilder waren es auch, die ihren Mann 1986 dazu inspirierten, das Schleswig-Holstein-Gourmet-Festival ins Leben zu rufen.

Seit zwei Jahren hat sie immer weniger Zeit für die Malerei, denn sie übernahm noch das 5-Sterne-Hotel „Altes Gymnasium" in Husum. Der vorige Besitzer, der Hamburger Kaufmann Johann Max Böttcher, wollte das Haus aus Altersgründen in private Hände abgeben.

Böttcher erfüllte sich einen Wunschtraum, als er die ehemalige Hermann-Tast-Schule zu einem Luxushotel umbauen ließ. Der gebürtige Husumer machte an der Schule 1939 sein Abitur, sein Vater wirkte dort 40 Jahre lang als Lehrer. Nach zweijährigem Umbau, eröffnete am 1. April 1996 der Hotelbetrieb seine

Restaurantleiterin Dana Peters.

Pforten. Die Tradition des 1867 erbauten Hauses ist überall gegenwärtig. Die 72 Zimmer und Suiten sind aufwendig eingerichtet, die Liebe zum Detail spürt der Gast in allen Räumen. Die alte Aula wurde zum Ballsaal, Ornamentfenster und Fresken wurden sorgsam restauriert.

Aus der ehemaligen alten Turnhalle wurde ein großzügiges Hotel-Foyer. Über der Rezeption befinden sich drei Büsten, die noch aus der alten Schule stammen und die Antike und die deutsche Klassik repräsentieren: Sophokles, Perikles und Schiller.

Seit 2006 führt Lenka Hansen-Mörck das Haus mit großem Erfolg weiter. Das gehobene Landhotel (Historischer Krug) und das Stadthotel der Luxusklasse ergänzen sich bestens. Anforderungen und Gästeklientel sind nahezu identisch.

ARBEIT FÜR DEN GAST

In beiden Häusern legt die Hotelchefin großen Wert auf perfekten Service, eine warmherzige Atmosphäre und gute Teamarbeit. Hinter den Kulissen der beiden Hotels arbeiten 120 Angestellte – vom Zimmermädchen bis zum Küchenchef – für das Wohl der Gäste.

Dana Peters leitet seit 15 Jahren charmant und resolut das Restaurant im Historischen Krug, leitet die Servicekräfte an, kümmert sich um den reibungslosen Ablauf wie auch gelegentliche Reklamationen und berät die Gäste bei der Weinauswahl. Absprachen mit dem Küchenchef über Menüs, Zutaten und Einkauf, Abläufe und korrespondierende Weine gehören zum Tagwerk. Ihr Arbeitstag beginnt um 11 Uhr mit der Kontrolle der Blumengestecke und der eingedeckten Tische. Um 12 Uhr kommen die ersten Gäste zum Mittagessen. Zwischen 15 und 18 Uhr hat sie frei und ab 18 Uhr begrüßt sie freundlich die Abendgäste. Ihr Arbeitstag ist meistens erst gegen ein Uhr nachts beendet.

Ihr Kollege Frank Oliver Farber ist seit sechs Jahren im Betrieb und arbeitet als Betriebsassistent, eine Art „Mädchen für alles". Er kümmert sich um das Ein- und Auschecken der Gäste, um Reservierungen und Tagungen und versucht, den Gästen ihre vielfältigen Wünsche – vom Mietwagen zum Ausflugstipp – zu erfüllen. Zusammen mit Dana Peters und Küchenchef Bodo Loöck ist er für das Tagesgeschäft im Historischen Krug verantwortlich. Sie sind ein eingespieltes Team. Dana Peters und Frank Oliver Faber lieben ihren Beruf, können sich keinen schöneren vorstellen. Er ist abwechslungsreich und sie kommen mit den unterschiedlichsten Menschen zusammen, die gesellschaftliche Anerkennung für das, was sie tun – dem Gast professionell, warmherzig und selbstbewusst zu dienen – ist in den letzten Jahren gestiegen. Die Gäste wissen guten Service zu schätzen.

Als nach einer gelungenen Geburtstagsfeier im Historischen Krug der Gastgeber Dana Peters überschwänglich in den Arm nahm und sich gerührt für die perfekte Organisation des Festes bedankte, wusste die Restaurantleiterin, warum sie ihren Beruf gewählt hat. Solche Momente entschädigen für die nicht so netten Momente (Gäste), die es natürlich auch gibt. Aber sie sieht es gelassen: „Haben wir nicht alle unsere Macken?" Und wenn sich ein Gast (ein Städter) über frühmorgendlichen Vogellärm beschwert, erklärt ihm Frank Oliver Faber freundlich die Naturgesetze und empfiehlt das Vogelgezwitscher positiv zu sehen. So positiv, wie er jeden Tag auf die Gäste zugeht.

Im Historischen Krug und Altem Gymnasium verkehren auch zahlreiche prominente Gäste: Schauspieler, Musiker, Schriftsteller und Politiker. Um sie wird kein Aufhebens gemacht. Zur Geschäftspraxis der Hotels gehört Diskretion und Gleichbehandlung der Gäste. Die prominenten Gäste wissen das zu schätzen, denn sie wollen sich ungestört entspannen.

Dass Bundespräsident Horst Köhler nebst Gattin und Gefolge bei seiner Sommertour durch Schleswig-Holstein im Juli 2008 im Alten Gymnasium abstieg und sich sehr positiv über das Haus äußerte, darf verraten werden. Der Besuch des Bundespräsidenten war nicht zu verheimlichen, es wurde darüber in den Zeitungen groß berichtet.

Immer ansprechbar: Frank Oliver Farber.

Wie glücklich ein Hotel machen kann, hat der Schriftsteller Joseph Roth nach seinem Aufenthalt im Hotel Savoy im polnischen Lodz beschrieben: „Ich wasche mich und schlüpfe langsam ins Bett, jede Sekunde koste ich aus. Ich öffne das Fenster, die Hühner schwatzen laut und lustig, es ist wie süße Schlafmusik. Ich schlafe ohne Traum den ganzen Tag." Schöner können die Vorzüge eines Hotels kaum beschrieben werden.

Von den

Ob Rind, Schwein, Lamm oder
Ziege – die Schleswig-Holsteiner
haben ein besonderes Verhältnis
zu ihren Tieren. Sorgten sie doch
einst für Reichtum und Wohl-
stand. Bis heute prägen Rind und
Schaf die Kulturlandschaft, die
Weiden und Deiche des Nordens.
So wird aus einem schönen Stück
Fleisch gelebte Kultur.

Weide

Kotelett vom Schwein mit Essiggemüse und Bratkartoffeln

4 Schweinekoteletts am Stück, Salz, Pfeffer, Rapsöl, 4 Portionen gegarte Kartoffeln,
50 g feine Speckwürfel, 1 kleine, gewürfelte Zwiebel, geschnittene Blattpetersilie,
400 g Essiggemüse (Mix Pickles), ¼ l Bratensauce

ZUBEREITUNG

1. Schweinekotelett waschen, trocken tupfen und auf der Fettseite rautenförmig einritzen. Mit Salz und Pfeffer würzen. Etwas Öl in einer Pfanne erhitzen und die Koteletts darin von allen Seiten anbraten. Dann auf ein Backblech oder in eine Fettpfanne legen und bei 180 °C 14 Minuten im Backofen garen.

2. Die Kartoffeln schälen und in Scheiben schneiden. In einer Pfanne mit Rapsöl goldgelb braten. Kurz bevor die Kartoffeln fertig sind, Speckwürfel, Zwiebelwürfel und Petersilie zugeben und mit Salz und Pfeffer würzen.

3. Kotelett aus dem Ofen nehmen und 5 Minuten an einem warmen Ort ruhen lassen.

4. Das Essiggemüse mit der Bratensauce aufkochen. Essiggemüse mit der Sauce auf die Teller verteilen, Kotelett aufschneiden und darauflegen, dazu die Bratkartoffeln servieren.

TIPP

Für gute Bratkartoffeln sind festkochende, im Geschmack aromatische, in der Farbe kräftige Sorten wie Moorsieglinde und Linda geeignet.

KROSSER BAUCH VOM SPANFERKEL MIT SÜSS-SAUREN BERGLINSEN

50 g Pökelsalz, 20 g Salz, 2 Lorbeerblätter, 2 Thymianzweige, 2 Nelken, 10 Pfefferkörner, 10 Koriandersamen, 10 Wacholderbeeren, 2 geschälte, gequetschte Knoblauchzehen, 800 g Spanferkelbauch, 100 g Berglinsen, Rapsöl, Geflügelbrühe, Senf, Balsamico-Essig, Zucker, 100 g feine Gemüsewürfel (Sellerie, Möhre, Porree)

ZUBEREITUNG

1. Pökelsalz, Salz, Lorbeerblätter, Thymianzweige, Nelken, Pfefferkörner, Koriandersamen, Wacholderbeeren und Knoblauchzehen in 1 Liter Wasser geben. Spanferkelbauch hineinlegen und drei Tage im Kühlschrank marinieren.

2. Spanferkelbauch aus der Lake nehmen und eine Nacht wässern. Dann mit Wasser bedeckt etwa 1,5 Stunden gar kochen. Den Bauch mit der Hautseite auf ein mit Frischhaltefolie ausgeschlagenes Backblech legen und mit einem Gewicht beschweren, damit der Bauch gleichmäßig dick wird. Über Nacht im Kühlschrank abkühlen lassen.

3. Die Berglinsen in ausreichend Wasser über Nacht quellen lassen. Den Bauch in gleichmäßige Würfel schneiden. Etwas Rapsöl und in der Pfanne erhitzen und die Hautseite des Bauchs darin anbraten. Dann für 10 Minuten bei 170 °C in den Backofen schieben.

4. Die Linsen abgießen und in der Brühe weich kochen. Ein Viertel der Linsen mit der Brühe aufmixen und mit Senf, Balsamico und Zucker abschmecken. Linsen mit den Gemüsewürfeln und den gemixten Linsen zusammen aufkochen. Die Linsen auf einen Teller geben und den krossen Spanferkelbauch daraufsetzen.

TIPP

Sollten Sie keinen Spanferkelbauch bekommen, eignet sich auch ein Jungschweinbauch.

CARRÉE VOM IBERICO-SCHWEIN MIT HUMMER, PAK CHOI UND SAUCE BOURRIDE

Hummer: 1 Staudensellerie, 2 Gemüsezwiebeln, 2 Möhren, ½ Zitrone, 10 weiße Pfefferkörner, 3 Nelken, 2 Hummer (je ca. 600 g), 500 g Butter

Schweinecarrée: 800 g Schweinecarrée, Salz, Pfeffer, Speiseöl zum Braten, 2 rote Zwiebeln, ½ Möhre, ¼ Knollensellerie, 2 Knoblauchzehen, ¼ l Rotwein, 2 Tomaten, 2 l Geflügelbrühe, 1 Rosmarinzweig, 2 Thymianzweige

Pak Choi und Sauce Bourride: 4 Baby-Pak-Choi, 20 g Butter, etwas Geflügelbrühe, Salz, weißer Pfeffer, 2 Schalotten, 1 Knoblauchzehe, 1 gelbe Paprika, Butter zum Braten, 30 ml Noilly Prat, einige Safranfäden, 250 ml Muschelfond, 150 ml Hummerfond, 50 g Butter, Thymian, Basilikum, Meersalz, Cayennepfeffer

ZUBEREITUNG

Hummer

1. Staudensellerie, Zwiebeln und Möhren waschen, schälen und klein schneiden. Gemüse in einen großen Topf geben, 5 Liter Wasser zugeben. Zitrone, Pfefferkörner und Nelken zugeben und aufkochen lassen. Hummer kopfüber in die kochende Bouillon geben und etwa 2 Minuten köcheln lassen. Herausnehmen und in kaltem Wasser abschrecken, Scheren und Schwänze auslösen. Butter zerlassen und so lange erhitzen, bis ein leicht nussiger Geschmack erreicht ist. Dann die Butter passieren und die Hummer in der Nussbutter zu Ende garen.

Schweinecarrée

1. Das Fleisch abspülen und trocken tupfen. Schwarte rautenförmig einschneiden. Mit Salz und Pfeffer würzen und in heißem Öl von allen Seiten scharf anbraten. Carrée entnehmen.

2. Zwiebeln, Möhre, Sellerie und Knoblauch schälen und klein schneiden. Das Gemüse in derselben Pfanne anbraten. Mit Rotwein ablöschen (übergießen) und den Wein komplett verkochen. Tomaten waschen, Rosmarin und Thymian abspülen. Ganze Tomaten und Kräuterzweige mit der Geflügelbrühe zum Fleisch geben. Das Gemüse aus der Pfanne in eine Kasserolle geben, Carrée auf das Gemüse legen und mit der Flüssigkeit begießen. Im vorgeheizten Backofen bei 140 °C etwa 60 Minuten schmoren, bis eine Kerntemperatur von 63 °C erreicht ist. Carrée entnehmen und den Fond zur Sauce einkochen.

TIPP

Aus dem restlichen Hummerfleisch (aus den Gelenken) kann man eine leckere Füllung für Ravioli machen.

Pak Choi und Sauce Bourride

1. Pak Choi waschen und halbieren. In etwas zerlassener Butter und Geflügelbrühe anschwenken und mit Salz und weißem Pfeffer würzen.

2. Schalotten und Knoblauch abziehen und würfeln. Paprika halbieren, entkernen, waschen und in Stücke schneiden. Schalotten, Knoblauch und Paprika leicht in etwas Butter anschwitzen. Noilly Prat und Safranfäden zugeben und mitanschwitzen. Muschel- und Hummerfond zugießen und das Ganze etwa 5 Minuten köcheln lassen. Anschließend alle Zutaten in einem Mixer zerkleinern und durch ein feines Sieb passieren.

3. Die Sauce um die Hälfte einkochen, Butter einrühren. Kräuter abspülen und beigeben. Kräuter nach 20 Minuten wieder entnehmen und mit Meersalz und Cayennepfeffer abschmecken.

Geschmorte Rinderroulade in Burgundersauce auf Kartoffelstampf und Zuckermöhren

4 Rouladen à 220 g, Salz, Pfeffer, 2 EL Senf, 4 Scheiben Bacon (Frühstücksspeck), 2 Gewürzgurken, 1 Möhre, 1 Bund Suppengemüse, Raps- oder Olivenöl zum Braten, 2 EL Tomatenmark, ½ l Burgunder, 400 g geschälte Kartoffeln, 100 g Sahne, 50 g Butter, Muskatnuss, 1 Bund Möhren, 50 g Butter, Zucker

ZUBEREITUNG

1. Die Rouladen salzen und pfeffern, mit Senf bestreichen, mit jeweils einer Scheibe Bacon belegen. Gewürzgurken und geschälte Möhre klein schneiden, auf die Rouladen legen und das Fleisch aufrollen. Danach mit Rouladennadeln feststecken.

2. Das Suppengemüse waschen, schälen und in Würfel schneiden. Porree ebenfalls klein schneiden. Etwas Öl in einem Bratentopf erhitzen und die Rouladen darin von allen Seiten anbraten. Suppengemüse zugeben und ebenfalls mitanrösten. Tomatenmark zugeben und mit dem Burgunder nach und nach ablöschen (übergießen). Das Ganze mit Wasser bedecken, den Topfdeckel aufsetzen, Bratentopf in den Backofen stellen und die Rouladen 90 Minuten bei 170 °C gar schmoren.

3. Kartoffeln in Salzwasser kochen, abgießen, ausdämpfen und unter Zugabe von Sahne und Butter stampfen. Kartoffelstampf mit Salz und Muskatnuss abschmecken. Möhren schälen und mit Butter, etwas Wasser und Zucker weich dünsten.

4. Die Rouladen aus der Sauce nehmen. Die Sauce mit dem darin enthaltenen Gemüse aufmixen und durch ein Sieb streichen, mit Salz und Pfeffer abschmecken. Kartoffelstampf und Möhren auf einen Teller geben, die Roulade schräg aufschneiden, aufsetzen und mit der Sauce umgießen.

TIPP

Die übrig gebliebene Sauce lässt sich prima in Eiswürfelbeutel einfrieren und für kurz gebratene Gerichte verwenden, für die ein wenig Sauce gebraucht wird.

Filet vom Galloway im Pinienkernblätterteig auf Schneidebohnen

4 Filetsteaks vom Schäferhaus-Galloway à 150 g, Salz, Pfeffer, etwas Butterschmalz zum Braten,
4 TK-Blätterteigplatten, 50 g geröstete Pinienkerne, 1 feine, rohe Bratwurst, 8 Blätter Salbei,
4 Scheiben Bauchspeck, 1 Ei, 400 g Schneidebohnen, 1 kleine Zwiebel, 30 g Butter, 1 TL Bohnenkraut,
4 Scheiben gewürzter weißer Speck, ¼ l Rindersauce

ZUBEREITUNG

TIPP

Das Fleisch der Schäfer-haus-Galloways ist wegen der ganzjährigen Freilandhaltung der Tiere auf wilden Wiesen besonders schmackhaft, denn die Tiere fressen nur Kräuter und Gräser, die unbelastet von Zusatzstoffen sind. Im Winter wird den Tieren nach Bedarf Heu zugefüttert. Durch das langsame Wachstum der Tiere ist das Fleisch besonders delikat. Es schmeckt nach den wilden Wiesen.

1. Filets waschen und trocken tupfen. Steaks mit Salz und Pfeffer würzen, in Butterschmalz kurz von allen Seiten in einer Pfanne anbraten, danach kalt stellen.

2. Von den aufgetauten Blätterteigplatten zwei mit Pinienkernen bestreuen, die anderen beiden Platten darauflegen. Den Blätterteig mit einer Teig-rolle ausrollen. Aus dem Blätterteig je vier Ringe ausstechen, die etwa einen ½ cm größer sind als die Filets und vier Ringe, die doppelt so groß sind.

3. Das Bratwurstbrät aus dem Wurstdarm streichen. Salbeiblätter abspülen. Brät mit zwei, in feine Streifen geschnittene Salbeiblätter vermengen. Die Masse gleichmäßig auf die Bauchspeckscheiben streichen und die Filetsteaks darin einrollen. Die Filets auf die kleinen Blätterteigringe setzen. Das Ei aufschlagen und den Rand der großen Blätterteigringe damit bestreichen, über das Filet legen und unten mit dem kleinen Ring verschließen. Die Filets auf ein mit Backpapier belegtes Backblech legen und bei 220 °C 12 Minuten im Backofen garen. Aus dem Ofen holen und vor dem Anschneiden 5 Minuten an einem warmen Ort ruhen lassen.

4. Schneidebohnen halbieren, der Länge nach in feine Streifen schneiden und in Salzwasser blanchieren (einige Minuten garen), in Eiswasser abschrecken. Zwiebel abziehen und fein würfeln. Butter in einem Topf zerlassen, die Zwiebel und das Bohnenkraut darin anschwitzen, Bohnen zugeben und mit Salz abschmecken. Den weißen Speck bei 70 °C im Ofen glasig schmelzen.

5. Vier Blätter Salbei in Fett bei 160 °C ausbacken, bis sie knusprig sind.
Der Salbei sollte jedoch grün bleiben. Nach dem Backen auf Küchen-
papier abtropfen lassen. Restlichen Salbei in feine Streifen schneiden
und mit der Sauce aufkochen. Filets anschneiden und auf Teller setzen.
Die Bohnen zugeben, mit weißem Speck und dem gebackenem Salbei
dekorieren und mit der Sauce umträufeln.

GABELZARTER TAFELSPITZ MIT GRIOTTESKIRSCHEN, WILDKRÄUTERPÜREE UND WACHOLDERJUS

1 kg Tafelspitz, 2 rote Zwiebeln, ¼ Knollensellerie, 2 Möhren, 2 Knoblauchzehen, Butterschmalz zum Braten, einige Wacholderbeeren, 2 Nelken, 5 g Senfsaat, ¼ l roter Portwein, 2 l Geflügelbrühe, 20 eingelegte Griottes- oder andere Sauerkirschen, 20 g Zucker, 500 g mehlig kochende Kartoffeln, 200 g Milch, Salz, weißer Pfeffer, Muskat, 80 g Butter, 80 g Wildkräuter

ZUBEREITUNG

1. Den Tafelspitz waschen und trocken tupfen. Das Fleisch von Sehnen befreien und abgedeckt in der Küche liegen lassen, bis es Zimmertemperatur erreicht hat. Zwiebeln, Sellerie, Möhren und Knoblauch schälen und in kleine Stücke schneiden. In einem Bräter Butterschmalz erhitzen und das Gemüse darin scharf anbraten. Wacholderbeeren, Nelken und Senfsaat zugeben. Mit Portwein ablöschen (übergießen). Geflügelbrühe zugießen und auf 60 °C erhitzen. Dann den Tafelspitz dazugeben. Den Bräter in den Backofen stellen und bei 60 °C 24 Stunden schonend schmoren. Tafelspitz herausnehmen. Die Sauce durch ein Sieb streichen und einkochen.

2. Eingelegte Kirschen in ein Sieb geben und den Saft auffangen. Zucker in einem kleinen Topf karamellisieren lassen. Mit dem Saft ablöschen und so lange einkochen, bis ein Sirup entsteht. Dann die Kirschen zugeben.

3. Kartoffeln schälen und gar kochen. Durch eine Kartoffelpresse in eine Schüssel pressen.

   Milch aufkochen, mit Salz, weißem Pfeffer und Muskatnuss würzen und zu den Kartoffeln geben. Warten, bis die Kartoffeln die Milch aufgenommen haben. Dann die Butter unterrühren. Wildkräuter blanchieren und fein pürieren. Kräuter unter das Püree rühren und das Püree durch ein feines Sieb streichen.

TIPP

Statt Griotteskirschen können Sie auch Sauerkirschen verwenden. Das Schmoren bei so niedriger Temperatur ist auch auf jedes andere Fleisch anzuwenden. Das Fleisch wird butterweich und behält eine schöne rosa Farbe.

REHKITZBRATEN IN WACHOLDER-
SAUCE MIT PREISELBEERAPFEL

1 Rehkitzkeule, 1 EL Tomatenmark, 4 Zweige Rosmarin, 15 Wacholderbeeren, 1 Bund Suppengemüse, 250 ml Rotwein, 250 ml roter Portwein, 500 ml Wildfond aus dem Glas, etwas Speisestärke, Salz, Pfeffer, Rapsöl zum Braten, 2 Äpfel (z. B. Elstar), Zitronenwasser, 4 TL Preiselbeeren

ZUBEREITUNG

1. Die Rehkitzkeule hohl auslösen und von überschüssigen Sehnen befreien. Die Knochen hacken und mit den Sehnen in einem Topf anrösten. Tomatenmark, 2 Zweige Rosmarin und gequetschte Wacholderbeeren zugeben, mitrösten. Suppengemüse putzen, waschen, klein schneiden und hinzugeben. Mit Rotwein ablöschen (übergießen) und einkochen lassen. Portwein zugeben und mit dem Wildfond auffüllen. Die Sauce bei schwacher Hitze 1 Stunde kochen lassen und dann durch ein Sieb geben. Auf ¼ Liter einkochen, abschmecken und mit Speisestärke gegebenenfalls binden.

2. Die Kitzkeule salzen und pfeffern und innen mit den restlichen Rosmarinzweigen füllen. Mit einem Küchengarn binden und in der Pfanne in Rapsöl rundherum anbraten. Pfanne in den Backofen stellen und die Keule bei 170 °C 30 Minuten garen, danach aus dem Ofen nehmen und ruhen lassen.

3. Die Äpfel halbieren, das Kerngehäuse, Blüten und Stielansatz entfernen und in Zitronenwasser blanchieren, danach in Eiswasser abschrecken. Die Äpfel trocken tupfen und mit den Preiselbeeren füllen. Die Äpfel vor dem Servieren 5 Minuten in den geheizten Backofen stellen.

4. Die Kitzkeule aufschneiden, mit dem Preiselbeerapfel und der Sauce auf Teller setzen. Als Beilagen empfehlen sich Rotkohl und Kartoffelklöße, die in Schwarzbrotbröseln abgebuttert wurden.

TIPP

Sollten Sie keine Rehkitzkeule bekommen, können Sie das Gericht auch mit einer Rehkeule zubereiten.

Oeverseer Rehbockrücken mit Honig, Limone und Frühlingsmorcheln

1 Bund Suppengemüse, 4 Rehbockrückenfilets à 160 g (Knochen hacken lassen und mitnehmen),
Rapsöl, 2 EL Zucker, 1 EL Tomatenmark, 10 Wacholderbeeren, 2 Zweige Rosmarin,
10 cl roter Portwein, 250 ml Rotwein, Salz, Pfeffer, Schale von 1 Limone, 4 TL Honig,
200 g kleine Frühlingsmorcheln, ½ kleine Zwiebel, etwas Butter zum Dünsten,
100 g feine Gemüsewürfel (Sellerie, Möhre, Porree), 2 EL geschlagene Sahne

ZUBEREITUNG

1. Suppengemüse vorbereiten. Sellerie und Möhren schälen und klein schneiden, Porree in Ringe schneiden. Rehknochen gut abspülen. In einen Topf geben und in etwas Öl anrösten. Suppengemüse zugeben und ebenfalls anrösten. Zucker zugeben und karamellisieren lassen. Tomatenmark, Wacholder und Rosmarinzweige zugeben und den Portwein zugießen. Die Flüssigkeit einkochen, dann mit Rotwein und Wasser auffüllen, einkochen und mit Rotwein und Wasser auffüllen. Die Sauce 1 Stunde kochen lassen, durch ein Tuch sieben. Den Fond auf ¼ Liter einkochen, mit Salz und Pfeffer abschmecken. Eventuell mit Speisestärke binden.

2. Den Rehrücken mit Salz und Pfeffer würzen, in Öl anbraten und mit Limonenschale und Honig bestreichen. Den Rücken bei 180 °C 6 Minuten im Backofen garen.

3. Die Morcheln putzen und kurz waschen. Zwiebel schälen, würfeln und in etwas Butter andünsten. Morcheln und vorbereitete Gemüsewürfel zugeben, mit ein wenig Rehsauce ablöschen. Die geschlagene Sahne zugeben und mit Salz und Pfeffer abschmecken.

4. Morcheln auf die Teller verteilen, den Rehrücken aufschneiden, daraufsetzen und mit der Rehsauce umgießen. Als Beilage eignen sich Rosmarin-Speckkartoffeln.

TIPP

Kurz gebratene Stücke immer nach dem Garen an einem warmen Ort ruhen lassen, damit sich die Fleischssäfte setzen können, die hohe Temperatur von außen nach innen ziehen kann und das Fleisch so gleichmäßig rosa wird.

REHRÜCKEN IM BROTMANTEL MIT KRÄUTERGRAUPEN UND MARONENSAUCE

Rehrücken: 600 g Rehrücken, 200 g Blattspinat, 60 g Shiitake-Pilze, 30 g Mimolette-Käse, 150 g Geflügelfarce (siehe Tipp), 200 g Butterschmalz, Salz, Pfeffer, 2 Scheiben Trammezinibrot

Maronen- und Preiselbeersauce: 1 Glas Wildpreiselbeeren, 1 Msp. Xantan, 30 g Zucker, 100 g geschälte Maronen, 20 g Butter, 4 dl Wildfond, 200 g Sahne, 10 cl Sekt, trockener Cognac, Salz und Pfeffer

Kräutergraupen: 1 Schalotte, 20 g Butter, 200 g Perlgraupen, 1 l Gemüsefond, Salz und Pfeffer, 100 g pürierte Kräuter (Petersilie, Kerbel usw.), 30 g Butter

ZUBEREITUNG

Rehrücken

1. Den Rehrücken gründlich von allen Sehnen befreien. Blattspinat waschen und mit dem Mixer pürieren. Pilze putzen und klein schneiden. Käse ebenfalls in Würfel schneiden. Unter die Geflügelfarce den Blattspinat rühren, Käsewürfel ebenfalls untermengen. Pilze kurz in etwas von dem Butterschmalz anschwitzen und ebenfalls untermengen. Mit Salz und Pfeffer abschmecken.

2. Brotscheiben auf einem Gitter über heißem Wasser 30 Sekunden von einer Seite dämpfen. Die gedämpfte Seite nach unten legen und auf die „trockene" Seite ca. 2–3 mm dick die Farce aufstreichen. Nun das Rehfilet auf die Länge des Brotes zuschneiden, würzen und mit Hilfe einer Klarsichtfolie, auf der das Brot liegt, fest einrollen. Dann in Alufolie eindrehen und zwei Stunden kalt stellen. Zum Anbraten das Röllchen aus den Folien nehmen und in heißem Butterschmalz hellbraun anbraten. Dann bei 180 °C im vorgeheizten Backofen auf 45 °C Kerntemperatur erhitzen und kurz ruhen lassen.

Maronen- und Preiselbeersauce

1. Preiselbeeren in ein Sieb geben und abtropfen lassen, den Saft auffangen. Xantan in den Saft geben und verrühren. Preiselbeersaft unterrühren. Ist die Konsistenz leicht sämig, Preiselbeeren zugeben.

TIPP

So bereiten Sie eine Geflügelfarce zu: 150 g klein geschnittene Putenbrust mit 150 g Sahne vermengen, mit Salz und Pfeffer abschmecken, mixen und durch ein Sieb passieren.

2. Für die Maronensauce Zucker leicht karamellisieren, Maronen grob zerkleinern. Den karamellisierten Zucker mit Maronen, Wildfond und
Sahne verrühren. Die Flüssigkeit um ein Drittel einkochen lassen, kurz
mixen und durch ein feines Haarsieb passieren. Die Sauce mit der Hälfte
des Sekts mischen und auf die gewünschte Konsistenz einkochen, mit
Cognac, Salz und Pfeffer abschmecken.

Kräutergraupen

1. Schalotte abziehen und in feine Würfel schneiden. Butter zerlassen
und die Schalotte darin andünsten. Perlgraupen zugeben und unter
Rühren köcheln lassen, dabei regelmäßig etwas Brühe zugeben. Mit Salz
und Pfeffer würzen. Nach 15 Minuten sind die Graupen fertig. Nun
noch etwas Butter und die pürierten Kräuter unterheben.

GESCHMORTE LAMMHAXE IN MINZSAUCE AUF FENCHELGEMÜSE

4 Lammhinterhaxen, Salz, Pfeffer, Speiseöl zum Braten, 1 Bund Suppengemüse, 1 TL Tomatenmark,
2 Knoblauchzehen, 3 Zweige Pfefferminze, ½ l Rotwein, 2 Fenchelknollen, 30 g Butter, 2 cl Pernod,
20 neue, kleine Kartoffeln, 2 Knoblauchzehen, Olivenöl, Rosmarin, etwas Speisestärke

ZUBEREITUNG

1. Lammhaxen waschen und trocken tupfen. Anschließend salzen und pfeffern. In einem Bräter etwas Öl erhitzen und die Lammhaxen darin anbraten.

2. Suppengemüse putzen und waschen. Sellerie und Möhren schälen und in Würfel schneiden. Porree erst in Ringe, dann in Würfel schneiden. Suppengemüse zum Fleisch in den Bräter geben. Mit Tomatenmark anrösten. Knoblauch abziehen und zerdrücken und ebenfalls zum Fleisch geben. Minze abspülen und 2 Zweige zugeben. Das Fleisch mit Rotwein ablöschen (übergießen). Die Lammhaxen mit Wasser bedecken und aufkochen, dann den Bräter in den Backofen stellen und das Fleisch bei 180 °C in 90 Minuten weich schmoren.

3. Von den Fenchelknollen die Stielansätze entfernen und die Knollen zu feinem Fenchelkraut hobeln. Butter in einer Pfanne zerlassen und das Fenchelkraut zugeben, mit Pernod ablöschen und flambieren, kurz aufkochen und mit Salz abschmecken.

4. Kartoffeln waschen und trocken tupfen. Knoblauch abziehen und hobeln. Kartoffeln mit Salz, Rosmarin und Knoblauch würzen und in eine feuerfeste Form geben. Mit Olivenöl beträufeln und im Backofen bei 180 °C 12–15 Minuten garen.

5. Die Lammhaxen aus dem Ofen nehmen und warm stellen. Die Sauce durchsieben und auf ¼ Liter einkochen. Vom restlichen Minzezweig die Blätter abzupfen, in feine Streifen schneiden und in die Sauce geben. Mit Salz abschmecken und mit Speisestärke binden.
Das Fenchelgemüse auf den Teller geben und die Lammhaxe daraufgeben, mit der Minzsauce umträufeln. Kartoffeln dazu reichen.

TIPP

Beim Flambieren von Spirituosen wird der Alkohol verbrannt und ein intensiver Geschmack der Spirituose bleibt zurück.

Carrée vom Deichlamm im Speckmantel auf Bärlauchmaisgriess

2 rote Paprikaschoten, Knoblauchpulver, Salz, 2 Thymianzweige, bengalischer Pfeffer (Stangenpfeffer), 4 Lammcarrées à 180 g, Rapsöl zum Braten, 24 Scheiben Panchetta, 100 ml Geflügelbrühe, 100 g vorgekochter Maisgrieß (Polenta), 2 EL Bärlauchpesto, 20 g Butter, ¼ l Lammsauce, Bärlauchblüten und Thymianspitzen zum Garnieren

ZUBEREITUNG

1. Paprika waschen, halbieren, entstielen und entkernen. Mit Knoblauch und Salz bestreuen. Thymian abspülen, Blätter abzupfen und auf die Paprika streuen. Paprikahälften auf ein Backblech legen und im Backofen bei 200 °C so lange rösten, bis die Haut Blasen wirft. Backblech aus dem Ofen nehmen und die Paprika etwas abkühlen lassen. Anschließend Paprika häuten und in 3 unterschiedlichen Größen je 4 Ringe ausstechen.

2. In einem Mörser den bengalischen Pfeffer mahlen. Lammcarrées waschen und trocken tupfen. Mit Salz und bengalischem Pfeffer würzen und in Rapsöl in der Pfanne kurz von allen Seiten anbraten, aus der Pfanne nehmen und kalt stellen. Auf einem Tuch je 6 Scheiben Panchetta zu einem Rechteck auslegen, ein Lammcarrée darauflegen und mit dem Panchetta umwickeln. Die Päckchen auf ein gebuttertes Backblech setzen und die Lammcarrées für 8 Minuten bei 180 °C im Backofen garen. Nach dem Garen an einem warmen Ort ruhen lassen.

3. Geflügelbrühe zum Kochen bringen, Maisgrieß einrühren und quellen lassen, mit Bärlauchpesto und Butter verfeinern.

4. Lammsauce erwärmen. Paprikaringe nochmals kurz im Ofen erwärmen. Den Bärlauchmaisgrieß mit einem Spritzbeutel auf einen Servierteller spritzen, gegenüber die Paprika anrichten und das aufgeschnittene Lammcarrée daraufsetzen. Mit Lammsauce umträufeln. Mit Bärlauchblüten und Thymian garnieren.

TIPP

Versuchen Sie nie den bengalischen Pfeffer in einer Pfeffermühle zu mahlen, denn er stellt sich quer und verstopft die Mühle.

GEBRATENER LAMMRÜCKEN MIT BRIES UND LEBER IM BRICKTEIG

2 Lammrücken (ausgelöst), 3 Knoblauchzehen, Traubenkernöl, 3 Zweige Zitronenthymian,
2 Zweige Rosmarin, 200 g Lammbries, Olivenöl, 4 Knoblauchzehen, etwas Eiweiß, 8 Brickteigblätter
(Asia-Laden), 200 g Lammleber, 2 Schalotten, 200 ml Marsala, 100 g Edamame-Bohnen, 200 g Birnen,
etwas Butter, Salz, weißer Pfeffer, 4 Scheiben durchwachsener Speck

ZUBEREITUNG

1. Die Lammrücken waschen und trocken tupfen. Erst in Backpapier, dann in Alufolie einwickeln. Lammrücken auf ein Backblech legen und bei 75 °C etwa 40 Minuten garen. Knoblauch abziehen und 2 Zehen klein schneiden. Traubenkernöl in einer Pfanne erhitzen und Knoblauch, 1 Rosmarin- sowie 1 Thymianzweig zugeben und mit erhitzen. Das Fleisch auswickeln und kurz von allen Seiten anbraten. Einige Minuten ruhen lassen und in vier Teile schneiden.

2. Lammbries etwa zwei Stunden wässern. Ganz kurz in kochendem Salzwasser blanchieren und die Haut entfernen. Das Bries in Olivenöl, 1 Rosmarinzweig, 1 Thymianzweig und 1 Knoblauchzehe über Nacht marinieren. Anschließend in den an den Seiten mit Eiweiß bestrichenen Brickteig einschlagen. Dafür 4 Teigblätter auslegen, das Fleisch in die Mitte setzen, etwas verteilen und aufrollen.

3. Die Leber waschen, trocken tupfen und ebenfalls von Häuten befreien. Restliche Knoblauchzehe und abgezogene Schalotten in Würfel schneiden. Mit dem Marsala sirupartig einkochen und abkühlen lassen. Leber in kleine Würfel schneiden und mit dem Marsalasirup vermengen. Ebenfalls jeweils eine Portion in Brickteig einschlagen und mit dem Bries zusammen in heißem Öl ausbacken.

4. Edamame-Bohnen aus der Schale holen und von der Haut befreien. Birnen schälen, entkernen und in kleine Würfel schneiden. Beides in Butter anschwenken und mit etwas Salz und weißem Pfeffer würzen.

5. Die Speckscheiben zwischen zwei mit Backpapier ausgelegte Metallringe legen und im Backofen bei 120 °C kross backen. In die kalte Lammjus den restlichen Zitronenthymianzweig geben und bei kleiner Hitze 30 Minuten köcheln lassen. Dann passieren und warm halten.

TIPP

Wer keine Innereien mag, kann diese auch gegen ein Stück geschmorte Lammschulter austauschen. Lammbries und -leber müssen beim Metzger vorbestellt werden.

Entenbraten „klassisch" mit Äpfeln, Zwiebeln und Maronen

1 Ente (ca. 2,8 kg), Salz, Pfeffer, 1 TL gemahlener Kümmel, 1 TL frischer Majoran, 3 Äpfel, 3 Zwiebeln, 2 EL Zucker, 200 g geschälte Maronen, 10 cl roter Portwein, 250 ml Entensauce

ZUBEREITUNG

1. Die Ente waschen, trocken tupfen und entflomen, innen mit Salz, Pfeffer, Kümmel und Majoran würzen. Äpfel schälen und einen Apfel vierteln und entkernen. Zwiebeln abziehen und eine Zwiebel vierteln. Die Ente mit Apfel- und Zwiebelviertel füllen. Mit Küchengarn die Keulen zusammenbinden und die Ente in eine Fettpfanne legen. Mit ½ l Wasser bei 150 °C für 60 Minuten in den Backofen schieben. Nach 60 Minuten die Temperatur auf 200 °C erhöhen und die Ente weitere 40 Minuten garen, alle 10 Minuten die Ente mit dem Bratenfond übergießen.

2. Den Zucker mit 2 Esslöffeln Wasser im Topf zum Kochen bringen und karamellisieren lassen, die Maronen zugeben und mit dem Portwein ablöschen (übergießen). Die restlichen Äpfel entkernen und in Spalten schneiden, ebenso die Zwiebeln. Äpfel- und Zwiebelspalten zu den Portwein-Maronen geben und mit der Entensauce auffüllen, zum Kochen bringen und 3 Minuten ziehen lassen.

3. Die Ente auf einer Platte mit einem Teil der Äpfel, Zwiebeln und Maronen anrichten, als Beilagen Rotkohl, Preiselbeeren und Kartoffelklöße reichen.

TIPP

Suchen Sie einen regionalen Züchter in Ihrer Nähe, bei dem die Tiere artgerecht gehalten und ausgewogen ernährt werden. Für mich ist das übrigens seit über 20 Jahren Herr Klingenhoff in Markerup. Das zahlt sich am Ende beim Geschmack des Bratens aus.

ZWEIERLEI VON DER BAUERNENTE IN HIMBEER-ESSIGSAUCE AUF SPITZKOHL

2 weibliche Bauernenten à 1600 g, Salz, Pfeffer, 50 g Zucker, 50 ml Himbeeressig, ¼ l Rotwein, 1 Bund Suppengemüse, 2 Zweige Rosmarin, 1 Spitzkohl, 1 Zwiebel, 80 g Schinkenwürfel, 30 g Butter, 100 g Sahne, Muskatnuss, etwas Speisestärke, 4 Scheiben Weißbrot, 1 EL gehackte Petersilie, 1 Ei, etwas Milch

ZUBEREITUNG

1. Brust und Keulen der Enten herauslösen. Die Entenkarkassen hacken und im Backofen bei 170 °C rösten. Die Entenkeulen vom unteren Gelenkknochen befreien, mit Salz und Pfeffer würzen, in eine Fettpfanne setzen und ca. 3 cm hoch mit Wasser befüllt für 60 Minuten bei 170 °C im Backofen garen.

2. Aus 50 ml Wasser und dem Zucker Karamell kochen, mit Himbeeressig und Rotwein ablöschen (übergießen). Suppengemüse schälen und würfeln. Suppengemüse und geröstete Entenkarkassen zugeben und mit Wasser auffüllen. Rosmarinzweige zugeben und das Ganze 1 Stunde lang köcheln lassen. Die Sauce anschließend durch ein Tuch sieben und auf ein ¼ Liter einkochen. Mit Salz und eventuell noch etwas Himbeeressig abschmecken.

3. Den Spitzkohl halbieren, den Strunk entfernen und den Kohl in grobe Würfel schneiden. Zwiebel schälen und fein würfeln. Butter zerlassen und Schinken- und Zwiebelwürfel darin glasig dünsten. Zwei Esslöffel abnehmen und beiseitestellen. Den Spitzkohl zugeben, andünsten und mit der Sahne ablöschen, bei schwacher Hitze gar kochen. Mit Salz und Muskatnuss abschmecken. Eventuell mit Speisestärke binden.

4. Das Weißbrot würfeln und mit dem beiseitegestellten Schinken- und Zwiebelwürfeln und der gehackten Petersilie vermengen. Ei und Milch verschlagen, mit Salz und Muskatnuss würzen und über die Brotwürfel geben. Brotwürfel im Backofen bei 170 °C 10 Minuten backen. Die Entenbrust salzen und pfeffern, in der Pfanne in etwas Rapsöl anbraten und auf der Hautseite im Ofen 5 Minuten bei 170 °C backen. Aus dem Ofen nehmen und ruhen lassen.

5. Auf Tellern den Spitzkohl anrichten, den Weißbrotauflauf und die Entenkeule zugeben, die Entenbrust aufschneiden und dazulegen. Mit Himbeersauce umträufeln.

TIPP

Dieses Gericht lässt sich auch sehr gut in zwei Gängen servieren, die Brust zum Beispiel mit Pilz- oder Selleriesalat und die Keule mit den beschriebenen Beilagen als Hauptgang.

Konfierte Entenkeule in pulverisierter Hautspäne mit Süsskartoffelcreme, Rotkohlgelee und Balsamicojus

Entenkeulen und Balsamicojus: 4 Entenkeulen, 2 kg Entenschmalz, 1 gehackte Knoblauchzehe, 1 Rosmarinzweig, 1 Thymianzweig, Ingwer (3 cm), 800 g Geflügelkarkassen, 200 g Röstgemüse (Möhren, Sellerie, Lauch), 250 ml Madeira, 250 ml Weißwein, 1l Geflügelfond, 40 ml Balsamico

Süßkartoffelcreme: 400 g Süßkartoffeln, 30 g Butter, 80 g Sahne, Salz, 1 Bund frischer Salbei, 150 ml Pflanzenöl

Apfel in Rotkohlgelee: 1 Rotkohl, 2 Nelken, 5 Wachholderbeeren, 2 g Zimt, 100 ml Apfelessig, Salz, Zucker, Pfeffer, 3 g Kappa, 4 Äpfel

ZUBEREITUNG

Entenkeulen und Balsamicojus

1. Die Entenkeulen von der Haut befreien und diese separat im Backofen bei 150 °C kross braten. Die Haut auf Küchenkrepp abtropfen lassen und dann so lange in der Küchenmaschine zerkleinern, bis ein feines Pulver entsteht.

2. Die Keulen in siedendem und mit Rosmarin, Ingwer, Knoblauch und Thymian aromatisiertem Entenschmalz ca. 80 Minuten weich schmoren und dann in der zerkleinerten Haut wenden.

3. Die gehackten Karkassen bei 180 °C in einem Bräter in den Ofen geben und braun rösten. Das vorbereitete Mischgemüse dazugeben und mitrösten. Madeira und Weißwein zugeben und auf ein Minimum einkochen. Den Geflügelfond zugeben und langsam zum Kochen bringen. Ca. ½ Stunde köcheln lassen und dann durch ein Tuch passieren. Fond auf ¼ Liter Flüssigkeit einkochen, den Balsamico zufügen und leicht binden.

Süßkartoffelcreme

1. Süßkartoffeln schälen, dann in Alufolie eingewickelt bei 180 °C im Backofen in 20–30 Minuten weich schmoren. Dann mit Butter und Sahne mixen. Mit Salz abschmecken und durch ein feines Sieb streichen.

TIPP

Der marinierte Rotkohl für den Rotkohlfond schmeckt auch ausgezeichnet als Salatbeigabe.

2. Salbeiblätter im Öl erhitzen, mit einem Pürierstab mixen und durch ein feines Sieb gießen. Das Salbeiöl dann mit der Süßkartoffelcreme vermengen.

Apfel in Rotkohlgelee

1. Rotkohl in feine Streifen schneiden und mit den Gewürzen, Apfelessig, Salz und Zucker marinieren und den entstehenden Saft auffangen. 200 ml dieses Saftes mit Kappa vermengen und aufkochen. Jetzt die in Rechtecke geschnittenen Apfelstücke auf einen Holzspieß stecken und immer wieder durch die angedickte Flüssigkeit ziehen, sodass ein Film entsteht. Diese Rechtecke auf Backpapier legen und im Ofen 30 Minuten auf 50 °C erhitzen.

Rinder – eine Gottesgabe

Das innige Verhältnis des Menschen zum Fleisch reicht weit zurück in die Zeit, als die Menschen nicht nur Jäger, sondern selbst Gejagte überlegener (da stärkerer) Tiere waren. Mit Hilfe ihrer Intelligenz konnten Menschen sich im Laufe der Zeit an die Spitze der Nahrungskette setzen. Fleisch ist deshalb nicht nur besondere Nahrung, sondern auch ein Symbol für die Menschwerdung. Tierische Opfergaben konnten die Götter besänftigen, und der Verzicht auf Fleisch war eine Form der Reinigung und Buße.

Die Mehrheit der Bevölkerung konnte sich bis vor wenigen Jahrzehnten Fleisch nur sonntags und zu besonderen Anlässen leisten. Diejenigen, die es häufiger kaufen konnten, wurden im Norden abfällig „Bratenfreter" (Bratenfresser) genannt. Sie nannten ihrerseits die Armen nicht weniger abfällig „Knochenpuler". Heute ist ein Stück Fleisch auf dem Teller nichts Besonderes mehr. Die Bundesbürger verzehren im Durchschnitt im Jahr immerhin 60 Kilogramm Fleisch von Schwein, Geflügel, Rind, Lamm und Wild. Besonders Rinder haben es den Schleswig-Holsteinern angetan, es weiden 1.143.000

Rinder auf den saftigen Weiden des Landes. Somit kommt auf jeden Bewohner vom Kind bis zum Greis fast ein halbes Rind. Ob Milch, Butter oder Käse, Kalb-, Rind- oder Ochsenfleisch – der Schleswig-Holsteiner hat ein inniges Verhältnis zu seinen Viechern. Das hat Tradition, denn große Ochsenherden bevölkerten die Weiden und trugen zum Wohlstand der Bauern bei. Selbst Kleinbauern, stellte die Rendsburger Amtsverwaltung 1809 fest, konnten neben zwei Schweinen und einer Milchkuh auch einen Ochsen ihr eigen nennen.

Die Rinderschlachtung war immer Anlass für ein kleines Fest, zu dem die Nachbarn eingeladen wurden. Nichts verkam, aus Rindertalg und Dochten wurden Kerzen für die dunkle Jahreszeit hergestellt. Die Ochsen haben dauerhafte Spuren in Schleswig-Holstein hinterlassen. Die Ochsen und der Handel mit ihnen waren ein wichtiger Wirtschaftsfaktor, förderten Wohlstand, Infrastruktur und Verkehr und wurden zu einer Art Geburtshelfer der ländlichen Gastronomie.

Der historische Ochsenweg

Bevor im 19. Jahrhundert Chausseen und Eisenbahnstrecken gebaut wurden, gab es in Schleswig-Holstein ein Netz von historischen Landwegen, deren bedeutendster der von Jütland bis zur Elbe führende Ochsenweg war. Seine Ursprünge reichen wahrscheinlich zurück bis in die ausklingende Steinzeit und ältere Bronzezeit, als mit dem ersten Fernhandel begehrter Waren wie Bernstein und Kupfer Verbindungswege entstanden. Die Handelswege waren den Geländeverhältnissen angepasst, umgingen Moore und suchten günstige Flussübergänge. Die zentrale Nord-Süd-Verbindung verlief auf dem Geestrücken durch Jütland und Schleswig-Holstein und erreichte in zwei Strängen die Elbmarschen, bei Itzehoe und bei Hamburg. Auf langen Strecken folgt sie Wasserscheiden. Die aus Angeln nach Westen fließende Treene war in ihrem Oberlauf leicht zu kreuzen. Ein größeres Hindernis war die Eiderniederung. Schon im frühen Mittelalter als „der Heerweg" (von dänisch „hærvej") bekannt und bei Adam von Bremen (1050–1085) schriftlich erwähnt, muss man sich diese Hauptverkehrsader als Hauptstrang eines Bündels von Wegen mit vielen Abzweigungen vorstellen. Die Wege waren im Sommer staubig und sandig, im Herbst und Winter morastig, grundlos und häufig unpassierbar. Größere Bedeutung erlangte der zentrale Heerweg, als im Mittelalter umfangreiche Viehtriften den Weg von Jütland zur Elbe und weiter nach Süden nahmen, daher die deutsche Bezeichnung Ochsenweg.

Die zahlreichen Städtegründungen und die Zunahme der Bevölkerungsdichte im Verlauf des Mittelalters machte die Versorgung der größeren Städte (wie auch der fürstlichen Höfe) problematisch und erforderte die Belieferung aus weiter entfernten Gebieten. Die Umstrukturierung der Landwirtschaft, die sich im 15. Jahrhundert angebahnt hatte, wurde durch den großen Lebensmittelbedarf in den gewerbereichen Regionen beschleunigt. In Schleswig-Holstein und Dänemark entwickelte sich die Gutswirtschaft, wobei zunächst die Viehwirtschaft vor der Getreidewirtschaft rangierte. Die Gutsbesitzer, insbesondere in Dänemark und Jütland, betrieben nun Rinderzucht und Ochsenmast in großem Stil, kapitalintensiv, da die Ochsen erst mit vier bis fünf Jahren schlachtreif waren. Sie wurden vier bis fünf Jahre auf der Weide gezogen und dann im Winter in den großen Gutsställen gemästet, um im Frühjahr an Viehhändler verkauft zu werden, die

Kühe am Ochsenweg.

sie über die großen Trassen des alten Heerweges nach Süden zu den Märkten, insbesondere nach Wedel, treiben ließen.

Als der Rinderhandel im 15./16. Jahrhundert größere Ausmaße annahm, entstanden an den Ochsenwegen zahlreiche Krüge, die sich auf die besonderen Bedürfnisse der Ochsentreiber einrichteten. Sie lagen außerhalb der Dörfer und Städte, die die Viehtriften umgehen mussten, hielten Tränken und Futter für die Tiere bereit, die Rastplätze waren von Steinwällen oder Zäunen umgeben, so dass die Ochsen in der Nacht zusammenblieben. Den Treibern und Händlern boten sie Unterkunft.

REISEN MIT DER POST

Selbstverständlich wurde der Heerweg auch von allen möglichen Reisenden benutzt: Kaufleuten und Handwerkern, Fürsten und Bettlern. Im späten Mittelalter wurde er zudem von Pilgern benutzt, um zu den großen Pilgerstätten Rom, Jerusalem und insbesondere Santiago di Compostella zu gelangen.

Im 17. Jahrhundert wurde mit dem Entstehen der Post das Reisen weniger beschwerlich und sicherer. 1624 richtete der dänische König und Herzog von Schleswig-Holstein, Christian IV., eine Post für Briefe und Pakete ein. Eine Route verband Kopenhagen und Hamburg über den Ochsenweg. Seit 1653 wurden auch Personen befördert. Die Kutschen fuhren regelmäßig, es entstand ein System von Poststationen, an denen die Pferde gewechselt wurden und der Fahrgast sich stärken und gegebenenfalls übernachten konnte. Die Kriege des 17. Jahrhunderts brachten den Ochsenhandel zum Erliegen, ruinierten Teile Schleswigs und Holsteins wirtschaftlich und brachten erhebliche Verluste in der Bevölkerung mit sich. Danach erreichten die Ochsentriften nie mehr ihren vorherigen Umfang, in Spitzenzeiten im 16. Jahrhundert waren bis zu 50.000 Tiere nach Süden getrieben worden. Getrieben wurde noch bis ins 19. Jahrhundert. Danach übernahm die Eisenbahn den Viehtransport über Land.

Der Ochsenweg verschwand, wurde überbaut (Teilstücke sind noch zu besichtigen) – geblieben ist den Schleswig-Holsteinern aber ihre Liebe zum Rindvieh.

Der gedeckte Tisch: Die Geschichte der Tafelkultur

Wer heute ein Restaurant der gehobenen Klasse betritt, erwartet außer gutem Essen auch ein gepflegtes Ambiente. Dazu gehören bequeme Sitzmöbel, ein hübsch gedeckter Tisch, Porzellan, feines Besteck und Gläser, Servietten. Selbstverständlich sitzen wir an einem Tisch, auf einem Stuhl und essen mit Messer, Gabel und Löffel. Wie denn sonst?

Die Azteken kannten schon den Tisch, er war aber flach und dem Herrscher vorbehalten. Im antiken Griechenland lagerten sich die Männer auf Essliegen, um miteinander zu essen. Die Frauen aßen für sich auf dem Boden sitzend. Verwundert berichtet Aristoteles über die Etrusker: „Sie essen zusammen mit ihren Frauen, liegen gemeinsam unter einer Decke." Die Römer übernahmen die Sitte, im Liegen zu essen. Ihre großen Liegen hatten Platz für jeweils drei Esser. Meist standen drei Liegen um einen großen, viereckigen Tisch, die vierte Seite blieb zum Servieren frei. Im Mittelalter gab es dann schon große Tische, an denen die gesamte Tischgesellschaft aß, sorgfältig nach Rang und Stand aufgereiht und nach Rang und Stand wurden die Sitzgelegenheiten zugeteilt: Sessel, Hocker, Bank.

Der Tisch war die Plattform für die Mahlzeit, die den Tagesablauf der Gemeinschaft gliederte. Häufig bestand der Tisch aus einer Tischplatte, die zur Mahlzeit auf Böcke gelegt und nach dem Essen wieder weggeräumt wurde. War der Tisch erst aufgestellt, folgte das Auflegen des Tischtuchs, seit dem ausgehenden 14. Jahrhundert ein wichtiger Bestandteil der Aussteuer. Über die Holzplatte auf den Böcken ausgelegt, erhob das Tuch den Tisch, der vielen Verrichtungen zu dienen hatte, zum Esstisch. Die Tischtücher wurden gleichzeitig auch als Serviette genutzt: Man aß ja noch mit der Hand.

Teller und Besteck

Der Tisch war nun gerüstet, das Tischtuch aufgelegt, bereitet, um Gedecke und alles noch Nötige aufzunehmen. Teller gab es noch nicht. Im Mittelalter dienten alte, besonders harte Brotscheiben als Unterlage. Man nahm mit den Händen Fleisch oder andere feste Teile von einer Platte oder aus einer Schüssel und schob sie sich auf das Brot, zerteilte sie mit dem Messer und führte es mit der Hand oder dem Messer zum Mund. Das Messer war meist das eigene, das man immer bei sich führte. Was zu flüssig war, um es mit der Hand auf die Brotscheibe zu befördern, wurde in kleinen Schüsseln serviert und direkt aus der Schüssel geschlürft. Manchmal teilte man sich einen Löffel, der sich ab dem 14. Jahrhundert immer mehr durchsetzte. Zum Trinken gab es meist einen gemeinsamen Pokal, der von einem Gast zum anderen gereicht wurde.

Was das Esswerkzeug angeht, teilte und teilt sich die Menschheit in drei Gruppen: Die erste isst mit der Hand, die zweite mit Stäbchen, die dritte mit der Gabel (Messer und Löffel werden nach Bedarf von allen drei benutzt). Mit der Hand gegessen wurde schon immer, mit dem Stäbchen seit 4000, mit der Gabel seit 400 Jahren. Erst im 16. Jahrhundert ver-

breitete sich das Essen mit der Gabel. In Frankreich führte Heinrich III. die Gabel bei Hofe ein. Gleich waren Spötter zur Stelle. Eine anonyme Spottschrift schrieb: „Sie führten das Fleisch mit Gabeln zum Munde, streckten dabei ihren Hals und ihren ganzen Körper zum Teller hin aus ... denn in diesem Land ist es verboten, das Fleisch mit den Händen zu berühren, wie schwierig auch immer das ist, sie wollen lieber, dass dieses kleine, gezinkte Instrument ihre Lippen berühren als ihre Hände ... es war ein Vergnügen zu sehen, wie sie das mit der Gabel aßen. Denn die es nicht ganz so gut konnten, ließen das meiste in die Schüssel fallen, auf die Teller oder unterwegs auf dem Weg zum Mund."

Ungeachtet der Spötter breitete sich die Gabel von Süden nach Norden, auf Gesellschaftsschichten bezogen, von oben nach unten aus. Aus französischen Gasthäusern berichtete Goethe, dass er sich noch Messer und Gabel mitbringen musste. Noch im 19. Jahrhundert trug man in ländlichen Gegenden sein Besteck mit sich herum. Überwiegend war die Gabel aber fester Bestandteil des gedeckten Tisches

geworden. Beim Frieden von Münster 1648, an dem Diplomaten und Köche gleichermaßen Anteil hatten, war bei Tisch die „heilige Sieben" üblich: Teller, Löffel, Messer, Gabel, Handtuch, Trinkglas und Zahnstocher. Das dem Adel nacheifernde Bürgertum zog bald nach und so gehörte ab dem 18. Jahrhundert Besteck und Serviette zum selbstverständlichen Arrangement einer guten Tafel. Wie die passende Beleuchtung. Das elektrische Licht ist heutzutage eine Selbstverständlichkeit und der Kerzenleuchter gehört längst der Vergangenheit an. Nur auf der festlichen Tafel hat er seinen Platz

behauptet. Kein Restaurant ohne Kerzenlicht. Verleiht doch Kerzenlicht einem Raum eine ganz besondere, festliche oder auch intime Stimmung.

VON DER AUGENLUST ZUR GAUMENFREUDE

Die spektakulären Festtafeln des europäischen Adels sind teilweise überliefert. So standen auf der Einkaufsliste der Köche des Erzbischofs von York und Kanzlers von England, Georg Nevell, zum Fest seiner Amtseinsetzung 1467 folgende Zutaten: 75 Zentner Weizen, 300 Fässer Bier, 100 Fässer Wein, 104 Ochsen, sechs wilde Bullen, 1000 Schafe, je 304 Kälber und Mastferkel, 2000 Schweine, 400 Schwäne, je 2000 Gänse und Hühner, 1000 Kapaune, je 4000 Wildenten, Tauben und Kaninchen, Tausende Wachteln, Schnepfen, Kraniche, Reiher, Pfauen, Rehe, Hirsche, zwölf Tümmler und Seehunde usw. Mit der Beschreibung von Prunk und Überfluss solcher Feste könnte man ganze Bücher füllen. Sie unterschieden sich voneinander nur durch den Aufwand, der betrieben wurde. Die Abfolge war immer gleich. Zu jedem „Gang" wurden Dutzende von Platten aufgetragen. Je größer das Angebot, desto

geringer jedoch die Chance, alles zu probieren. Jeder aß von den Platten, die in der Nähe standen. Zudem war der Nachteil dieser Art des Servierens, dass keine Speise mehr richtig warm war. Alles stand herum und wurde kalt und ungenießbar, weil auch das Speisen – wie alles in höfischer Zeit – repräsentative Funktion hatte, der Repräsentation von Macht und Reichtum diente.

Fürst Alexander Borisovitch Kourakin, Botschafter des russischen Zaren in Paris, führte im 19. Jahrhundert eine neue Servierweise ein. Die neue Sitte eroberte rasch auch Deutschland. Die Speisen kamen nun nicht mehr gleichzeitig, sondern nacheinander, wie sie gegessen werden sollten, auf den Tisch. Der Vorteil war, dass das Essen frisch und heiß zu den Tafelnden und so auch die Kunst und Raffinesse der Köche unmittelbar zur Geltung kam. Das war ein bedeutsamer Schritt für die Kochkunst, denn nun hatte der Geschmack Vorrang vor der Repräsentation, der die Tafeln des Adels und der Begüterten so lange dominiert hatte. Ziel war es nun, die Speisen so schnell wie möglich vom Herd zum Tisch zu befördern. Der Küchenchef und seine

Brigade bereiteten die Speisen nach Maßgabe der auf dem Küchenzettel festgelegten Reihenfolge, zum Teil nacheinander zu. Sie sollten möglichst frisch und heiß an die Tische gebracht werden. Dass durch die neue Servierform die aufwendigen Dekorationen entfielen, von ganzen Tieren, die man gern in ihrem rekonstruierten Fell- oder Federkleid inmitten der Essplatten präsentiert hatte, ist aus heutiger Sicht nicht unbedingt ein Verlust.

MENÜ- UND SPEISEKARTE

Durch den Wechsel vom französischen zum russischen Service wurde die Einführung einer Menükarte notwendig. Beim französischen Service, der alle Speisen auf einmal auf den Tisch stellte, konnte der Gast sich selbst orientieren, oder er wurde vom Servicepersonal über den Inhalt der Schüsseln informiert. Mit dem russischen Service, bei dem die Gänge nacheinander aufgetragen werden, war der Gast darauf angewiesen, vorher über die Menüfolge informiert zu werden. Die jedem Gedeck beigelegte Karte bot dem Gast die Möglichkeit, sich einen Überblick über die angebotenen Speisen zu verschaffen. Bei zwölf und mehr Gängen ein probates Mittel gegen unangenehme Magenfülle. Die Menükarte ist bis heute bei festlichen Anlässen fester Bestandteil der Tischkultur geblieben.

Speisekarten, wie wir sie heute noch kennen, wurden im 18. Jahrhundert gebräuchlich. Als Folge der Französischen Revolution eröffneten viele arbeitslos gewordene Köche der Aristokratie eigene Restaurants. So wurde eine feine, differenzierte Küche für alle, die es sich leisten konnten, zugänglich. Um die Gäste über ihr Angebot zu informieren, erstellten die Wirte Speisekarten, auf denen alle Gerichte aufgelistet waren, die das Haus bereithielt. Schon führten einige Gasthäuser dickleibige, zwischen schwere Holzdeckel gebundene „Speisebibeln". Das Speiseangebot war in diesen Häusern aber keineswegs vielfältig, sondern eher gleichförmig. Im „Paris qui consomme" wurde 1894 darauf hingewiesen, dass sich der Umfang der Speisekarte umgekehrt proportional zur Qualität der Lokale verhalte: Bei einer umfangreichen Karte können unmöglich alle ausgewiesenen Speisen frisch zubereitet sein.

EPILOG

Im Jahre 1765 eröffnete in Paris ein Koch namens Boulanger ein Lokal. Er nannte es „Restaurant divin", was „göttliche Erquickung" bedeutet. Er war mit seinem Lokal so erfolgreich, dass der Name sich allgemein durchsetzte. Restaurant. Ein Ort, an dem man restauriert, wiederhergestellt wird. Ein Ort, an dem der Alltag vor der Tür bleibt. Wie im Theater. Es gibt Darsteller, Requisiten und Publikum. Eine Garderobe, ein Programmheft, ein Stück aus einem oder mehreren Akten und Beifall, wenn zum Schluss der (Küchen)Chef erscheint. Doch es gibt einen wesentlichen Unterschied zwischen Restaurant und Theater: Der Wein und das Fleisch sind im Restaurant echt. Der Gast oder der Koch mag eine Primadonna sein, der Kellner eine Rolle spielen, die Dekoration aus Pappe sein, aber das Wesentliche im Restaurant ist echt: Man isst und trinkt, tauscht sich aus, man lebt und genießt auf authentische, menschliche Weise.

Der Regisseur Claude Chabrol hat einmal gesagt, dass er nie einen Film über die Wüste Gobi drehen könnte, weil sie im Guide Michelin nicht vorkomme. Seine private Lieblingsbühne war das Restaurant.

Aus dem

Die norddeutschen Obstgärten sind ein Ort höchster Glückseligkeit. Stehen hier doch prachtvolle Apfel-, Birnen-, Kirsch- und Quittenbäume und Büsche voller köstlicher Himbeeren, Johannis- und Stachelbeeren. Aus dem Paradies wurden wir vertrieben – zu verlockend war für uns Menschen die süße Frucht – doch uns blieben die Obstgärten. Der Garten Eden auf Erden.

Obstgarten

AUS DEM OBSTGARTEN

BIRNE HELENE MIT VANILLEEIS

Birnen: 4 Birnen, 3 EL Zitronensaft, 1 Flasche trockener Weißwein, 125 g Zucker, 400 ml Wasser, 1 Vanilleschote, 1 TL grüner Anis, 1 TL Kardamom

Vanille- und Schokoladensauce: 250 g Sahne, 70 g Zucker, 1 Vanilleschote, 1 Eigelb, 100 ml Wasser, 100 g Zucker, 35 g Kakao, 75 g Crème fraiche

Vanilleeis und Waffeln: 250 g Milch, 250 g Sahne, 150 g Zucker, 1 Vanilleschote, 1 Eigelb, 70 g Eiweiß, 100 g Zucker, 50 g Mehl, 50 g zerlassene, abgekühlte Butter

ZUBEREITUNG

Birnen

1. Birnen schälen und mit Zitronensaft beträufeln. Den Weißwein mit Zucker, Wasser und den Gewürzen aufkochen. Die Birnen zugeben und darin in ca. 8 Minuten weich kochen. Birnen mit Saft anrichten oder für die spätere Verwendung in ein Einmachglas geben.

Vanille- und Schokoladensauce

1. Für die Vanillesauce die Sahne mit der Hälfte des Zuckers (35 g) und der ausgekratzten Vanilleschote aufkochen. Den restlichen Zucker mit Hilfe eines Gummispatels mit dem Eigelb unter ständigem Rühren zur Rose abziehen (binden). Die Sahne auf die Eigelbmasse gießen und in einem Topf vorsichtig verrühren. Wer ein Thermometer zur Hand hat: die Masse sollte 82 °C haben. Die Masse durch ein Sieb in eine Schüssel gießen, die auf Eiswasser steht, um den Garprozess sofort zu stoppen. Sauce abkühlen lassen.

2. Für die Schokoladensauce das Wasser mit dem Zucker (100 g) zusammen aufkochen und das Kakaopulver einrühren. Crème fraiche zugeben und nochmals unter ständigem Rühren aufkochen, bis die gewünschte Konsistenz erreicht ist.

Vanilleeis und Waffeln

1. Milch und Sahne mit der Hälfte des Zuckers und der ausgekratzten Vanilleschote aufkochen. Den restlichen Zucker mit dem Eigelb verrühren. Die Sahne auf die Eigelbmasse gießen und in einem Topf vorsichtig verrühren. Wer ein Thermometer zur Hand hat: die Masse sollte 82 °C haben. Die Eismasse durch ein Sieb in eine Schüssel gießen, die auf Eiswasser steht, um den Garprozess sofort zu stoppen. Masse abkühlen lassen und in die Eismaschine geben.

TIPP

Waffeln und Eis dürfen natürlich auch fertig gekauft werden. Zu diesem Dessertklassiker passen gleichermaßen Weiß-, Rosé- und Rotweine, einfach ausprobieren.

2. Für die Waffeln Eiweiß und Zucker zu einem cremigen Schnee schlagen. Mehl und Butter unterziehen und den Teig 2 Stunden im Kühlschrank ruhen lassen. Die Masse auf ein mit Backpapier ausgelegtes Blech streichen, in 4 Minuten bei 160 °C im Ofen goldgelb ausbacken und in die gewünschte Form bringen. Solange der Teig heiß ist, lässt er sich gut formen. Dann auskühlen lassen und bis zur Verwendung in einer Haushaltsdose aufbewahren.

WEISSE MOUSSE MIT WILDKRÄUTERN, BIRNENEIS UND BIRNENRAGOUT

Baisers: 10 g Eiweißpulver, 100 g Zucker, 50 g Birnensaft, 1 TL Zitronen-Eisenkrauttee

Weiße Mousse: 150 g weiße Kuvertüre, 1 Bund Wildkräutermischung (z. B. Zitroneneisenkraut, Rosmarin, Zitronenthymian, Waldmeister, Sauerklee), 125 ml Milch, 1 Blatt weiße Gelatine, 250 g Sahne

Birneneis und Birnenragout: 400 ml lieblicher Weißwein, 125 ml Noilly Prat, 125 g Zucker, 150 g Butter, 1 Eigelb, 20 ml Birnengeist, 2 Birnen, 125 ml Rotwein, 125 ml Fliederbeerensaft, 50 g Zucker

ZUBEREITUNG

Baisers

1. Alle Zutaten mischen und in der Küchenmaschine zu einem kompakten Schnee schlagen. Mit Hilfe einer Schablone die gewünschte Form (z. B. eine Wippe) auf Backpapier streichen und bei 100 °C 2 Stunden im Ofen trocknen lassen. Bis zur Verwendung kühl und trocken lagern.

Weiße Mousse

1. Die weiße Kuvertüre in einer Schüssel in der Mikrowelle oder über dem heißen Wasserbad schmelzen. Kräuter abspülen und trocken schütteln.

2. Die Milch mit den Kräutern aufkochen und einige Minuten ziehen lassen, dann durch ein Sieb passieren. Die Flüssigkeit nochmals leicht erhitzen und die in kaltem Wasser vorgeweichte Gelatine darin auflösen. Flüssigkeit über die aufgelöste Kuvertüre gießen und mit einem Spatel eine glatte Masse herstellen. Sahne schlagen und unterheben. Die Masse 6 Stunden in den Kühlschrank stellen.

Birneneis und Birnenragout

1. Für das Eis den Wein aufkochen und 2 Minuten leicht köcheln lassen. Den Wermut dazugeben und einköcheln lassen. Den Zucker dazugeben und so lange unter Rühren kochen, bis er sich aufgelöst hat. Eigelb und Birnengeist zugeben, auf die Butter gießen und mit einem Stabmixer kurz emulgieren (aufschlagen). Die Masse in die Eismaschine geben.

TIPP

Wer keine Eismaschine hat, kauft fertiges Birneneis. Die Baisers lassen sich aus vielerlei Säften herstellen, hier sind ihrer Fantasie in Geschmack und Form keine Grenzen gesetzt.

2. Für das Birnenragout die Birnen schälen, entkernen und in Würfel schneiden. Zusammen mit dem Wein, dem Saft und mit dem Zucker in einen Topf geben und 5 Minuten einkochen. Entweder gleich anrichten oder Birnen und Flüssigkeit in Einmachgläser füllen.

Geeiste Schokosabayone auf Pistazien-Financier und Kakaobohnen-Sauce

Pistazien-Financier: 125 g Butter, 150 g Puderzucker, 50 g Mehl, 70 g Pistaziengrieß, 1 TL Birnengeist, 4 Eiweiß, 2 Birnen, 250 ml Birnensaft, 1 TL Kardamom, 2 (Wild-)Nelken

Kakaobohnen-Sauce: 500 g Wasser, 50 g Kakaobohnen, 250 g Zucker, 2 g Xanthan

Schokosabayone: 1 Eigelb, 1 Eiweiß, 10 g Zucker, 40 g dunkle Kuvertüre, 10 g Butter

ZUBEREITUNG

Pistazien-Financier

1. Butter in einem Topf unter ständigem Rühren so lange erhitzen, bis sie goldbraun ist, sie erhält dadurch einen nussigen Geschmack. Puderzucker mit Mehl, Pistaziengrieß und Birnengeist vermengen und mit dem Eiweiß glatt rühren. Die Nussbutter unterrühren. Masse in eine feuerfeste Form füllen und bei 160 °C für 10 Minuten in den Ofen schieben. Abkühlen lassen und bis zum Verzehr kühl lagern.

2. Birnen schälen, vierteln, entkernen und in Würfel schneiden, mit dem Saft und den Gewürzen in 10 Minuten weich kochen. Anschließend die Früchte durch ein Tuch oder Sieb passieren.

Kakaobohnen-Sauce

1. Alle Zutaten in einen Topf geben, aufkochen und gut durchziehen lassen. Die Kakaobohnen durch ein Tuch abpassieren, mit dem Xanthan abbinden und in ein Einmachglas füllen.

Schokosabayone

1. Eigelb, Eiweiß und Zucker in der Küchenmaschine schaumig aufschlagen. Kuvertüre mit der Butter zusammen schmelzen. Alles zusammen vorsichtig miteinander vermengen und in einer Form einige Stunden einfrieren.

TIPP

Für das Pistazien-Financier können Sie statt Pistaziengrieß Mandelgrieß und statt Butter gutes Olivenöl verwenden.

ROTE GRÜTZE

300 g Zucker, 250 ml Wasser, 250 ml Rotwein, 250 ml Kirschsaft, 2 Vanilleschoten,
2 Zimtstangen, etwas Sternanis, 25 g Speisestärke, 50 ml Cassislikör, 600 g gemischte Beeren
(z. B. rote und schwarze Johannisbeeren, Himbeeren, Erdbeeren, Stachelbeeren, Sauerkirschen)

ZUBEREITUNG

1. Zucker und Wasser in einen großen Topf geben und unter Rühren leicht karamellisieren lassen. Rotwein und Kirschsaft zugeben und aufkochen, leicht weiterköcheln lassen. Die Gewürze zugeben und nochmals aufkochen.

2. Speisestärke mit Cassis verrühren, zum Rotwein-Kirschsaft geben und unter ständigem Rühren kurz einkochen und andicken lassen.

3. Nun die Flüssigkeit abkühlen lassen. Sobald sie Zimmertemperatur erreicht hat, vorsichtig die Früchte unterheben und die Grütze im Kühlschrank erkalten lassen.

TIPP

Zur Roten Grütze passt Vanillesauce, flüssige oder geschlagene Sahne. Ein schönes Sommergericht: Rote Grütze mit kalter Milch und zerbröseltem Zwieback.

CRÈME BRÛLÉE MIT BEERENKOMPOTT, SAUERRAHMEIS UND BEERENSORBET

Crème Brûlée: 100 ml Milch, 1 Vanilleschote, 90 g Zucker, 3 Eigelb, 500 g Sahne, 25 ml Rum

Beerenkompott: 400 g Beeren der Saison (z. B. Johannisbeeren, Erdbeeren, Himbeeren, Stachelbeeren), 150 g Zucker

Sauerrahmeis: 150 g Zucker, 100 g Glukose, 500 ml Sauerrahm, 50 ml Martini Bianco

Beerensorbet: 120 ml Wasser, 1 Beutel roter Früchtetee (z. B. Red Berrys, Hagebutte), 50 g Zucker, 250 g gemischte, pürierte Beeren, 10 ml Zitronensaft

ZUBEREITUNG

Crème Brûlée

1. Milch mit Vanilleschote und Zucker aufkochen. Eigelb, Sahne und Rum mit der Milch in einer Schüssel mit dem Pürierstab emulgieren (vermengen, ohne das Schaum entsteht). In kleine feuerfeste Formen füllen und bei 100 °C für ca. 45 Minuten – bis sie eindicken – in den Ofen schieben. Danach auskühlen lassen.

Beerenkompott

1. Früchte waschen und verlesen. Leicht anzuckern, eine halbe Stunde ziehen lassen und mit dem Zucker in einem Topf kurz aufkochen. Die Früchte in ein Sieb gießen (damit sie schneller abkühlen), Flüssigkeit auffangen. Früchte und Saft erkaltet zusammen in eine Schüssel füllen (für den sofortigen Verzehr).

Sauerrahmeis

1. Zucker mit der Glukose in einem Wasserbad erhitzen, bis der Zucker sich aufgelöst hat. Den Sirup auf den Sauerrahm gießen, den Martini zugeben und mit dem Pürierstab aufschlagen. Masse in die Eismaschine geben oder in eine Form gefüllt im Gefrierschrank frosten.

TIPP

Glukose bekommen Sie beim Bäcker. Auch mit Süßholz, Zimtblüten oder Zitroneneisenkraut lassen sich Crème Brûlées lecker aromatisieren. Wer es einfach mag, kauft sich fertiges Eis.

Beerensorbet

1. Wasser aufkochen, den Tee darin ziehen lassen. 60 ml davon abnehmen und mit dem Zucker zusammen aufkochen. Den Sirup über das Beerenpüree träufeln, Zitronensaft zugeben und mit dem Stabmixer aufschlagen. Die Masse in die Eismaschine geben oder in einem passenden Behälter

INTERPRETATIONEN DER ROTEN GRÜTZE

GELEEWÜRFEL

250 ml Fruchtsaft, ungesüßt (z. B. von Erdbeere, Johannisbeere, Kirsche), 25 g Zucker, 1 g Agar-Agar

ZUBEREITUNG

1. Den Saft in einen Topf geben. Den Zucker mit dem Geliermittel mischen und mit einem Schneebesen in den Saft einrühren. Unter ständigem Rühren aufkochen. Danach in ein rechteckiges Gefäß füllen und erstarren lassen. Nach dem Erstarren in feine Würfel schneiden.

CHIPS

250 ml Rotwein, 50 g Zucker, 2 g Agar-Agar, 250 ml Gewürzsud aus 1 TL Koriander, 3 Sternanis, 1 Vanilleschote, Ingwer (2 cm oder 1 Prise), 50 g Zucker, 2 g Agar-Agar

ZUBEREITUNG

1. Rotwein in einen Topf geben. Zucker mit dem Geliermittel mischen und mit einem Schneebesen in den Wein einrühren. Unter ständigem Rühren aufkochen.

2. Für den Gewürzsud die Geschmacksträger im Wasser ziehen lassen und wie beim Rotwein verfahren. Sternanis, Vanilleschote und Ingwerstücke entfernen.

3. Die cremige Rotwein- und Gewürzsudmasse auf Backpapier hauchdünn verteilen und bei 65 °C im Ofen 3–4 Stunden trocknen. Bis zur Verwendung kühl und trocken lagern.

TIPP

Auf diese Art und Weise lassen sich mit viel Fantasie verschiedenste Desserts und Gerichte interpretieren. Wie wäre es mal mit einer Interpretation von Melone und Schinken?

BEERENTEE-BAISER

125 ml Beerentee (Früchtetee, z.B. Hagebutte), 10 g Eiweißpulver, 80 g Zucker

ZUBEREITUNG

1. Alle Zutaten mischen und in der Küchenmaschine zu einem luftigen Schnee aufschlagen. Kleine Häufchen auf einem mit Backpapier ausgelegten Blech verteilen und 2 Stunden bei 60 °C im Ofen trocknen. Bis zur Verwendung kühl und trocken lagern.

INTERPRETATIONEN DER ROTEN GRÜTZE

FRUCHTGELEES

500 g Cassismark, 550 g Zucker, 15 g Pektin, 100 g Glukose, 10 ml Zitronensaft, 10 ml Himbeergeist, 50 g Zucker

ZUBEREITUNG

1. Das Fruchtmark in einem Topf erhitzen. 50 g von dem Zucker mit dem Pektin mischen und damit das Fruchtmark abbinden. Die restlichen 500 Gramm Zucker nach und nach einrühren.

2. Sobald sich der Zucker vollständig aufgelöst hat, Glukose unterrühren. Das Ganze einkochen, bis 107 °C erreicht sind. Mit dem Zitronensaft und dem Alkohol ablöschen (übergießen). In eine Form von ca. 10 x 20 cm gießen und abkühlen lassen. Nach 6 Stunden die eine, nach weiteren 6 Stunden die andere Seite mit Zucker bestreuen.

QUITTENBROT

750 g Quitten, 150 ml Wasser, 250 g Zucker, 250 g Honig, etwas Öl

ZUBEREITUNG

1. Quitten mit einem Tuch abreiben, um den feinen Flaum zu entfernen. Früchte gründlich unter kaltem Wasser abbürsten. Ungeschält in Stücke schneiden, dabei Stiel und Blütenansatz entfernen. Quitten in einen großen Topf mit Wasser geben und in 30 Minuten weich kochen.

2. Quittenmus durch ein Sieb in eine Schüssel streichen. Wieder in den Topf geben. Mit Zucker und Honig unter ständigem Rühren 30 Minuten kochen. Die Masse muss dick sein und eine leichte Karamellfarbe haben. Ein Backblech mit hohem Rand mit Öl bestreichen. Quittenmus darauf verteilen. Im vorgeheizten Ofen bei 80 °C das Quittenbrot 2 Stunden trocknen lassen. Nach der Hälfte der Zeit den Herd einen Spalt öffnen. Quittenbrot mit einem Küchentuch bedeckt noch 24 Stunden an einem warmen Ort trocknen und danach in längliche, rechteckige Streifen aufschneiden.

TIPP

Die Fruchtgelees lassen sich mit allen frischen Früchten und Beeren der Saison herstellen. Trocken und kühl gelagert halten sie viele Wochen.

HOLUNDERBLÜTEN-PROSECCO-GELEE

750 ml Prosecco, 100 g frische Holunderblüten, Saft von 2 Zitronen, 12 g Agar-Agar, 300 g Zucker

ZUBEREITUNG

1. Den Prosecco über die Holunderblüten gießen, den Zitronensaft zugeben und das Ganze 24 Stunden ziehen lassen.

2. Agar-Agar mit dem Zucker mischen und in den kalten Holunder-Prosecco-Fond einrühren. Unter ständigem Rühren kurz aufkochen. Den Sirup durch ein feines Sieb gießen, abkühlen lassen und bis zur Verwendung kühl lagern.

ERDBEERSCHÄUMCHEN-GEL
AUS DER TUBE

200 ml Wasser, 50 g Erdbeerschäumchen (Bonbons), 1,5 g Xanthan, 3 g Iota

ZUBEREITUNG

1. Das Wasser aufkochen und die Erdbeerschäumchen darin ziehen lassen, bis sie sich aufgelöst haben. Mit einem Schneebesen Xanthan und Iota einrühren und unter ständigem Rühren kurz aufkochen.

2. Erdbeerschäumchen-Gel in den Kühlschrank stellen und vor dem Verzehr noch einmal durchrühren.

TIPP

Das Gel können Sie in einen Spritzbeutel füllen.

KÄSEKUCHEN

Boden: 20 g Butter, 10 g gesiebter Puderzucker, ½ Pck. Vanillezucker, ½ Eigelb, 30 g Mehl (Type 550)

Belag: 600 g Sahne, 1 kg Magerquark, 200 g Zucker, 6 Eier, 40 g Vanillepudding, 1 Prise Salz, 1 TL Zimt, Mark von 1 Vanillestange

ZUBEREITUNG

Boden

1. Butter mit Puderzucker, Vanillezucker und Eigelb verkneten. Mehl zugeben und zu einem Teig verkneten. Teig einige Zeit im Kühlschrank ruhen lassen. Teig ausrollen (etwas Teig beiseitestellen) und als Boden in eine runde Backform (ø 26 cm) geben und bei 180 °C ca. 12 Minuten ausbacken. Nach dem Erkalten mit dem beiseitegestellten Teig den Backring gut abdichten.

Belag

1. Die Sahne steif schlagen. Quark, Zucker, Eier, Vanillepudding, Salz, Zimt und Vanillezucker verrühren und 10 Minuten quellen lassen. Anschließend die Sahne unterziehen und bei 160 °C 10 Minuten anbacken. Mit einem kleinen Messer den festen Teig etwas vom Ring lösen und 10 Minuten absetzen lassen, danach wieder für 20 Minuten in den Ofen schieben. Diesen Vorgang 3-mal wieder holen, bis der Küchen vollständig durchgebacken ist und er eine dunkelgoldene Farbe aufweist. Vor dem Servieren vollständig auskühlen lassen.

TIPP

Durch die Methode, den Teig während des Backens vom Ring zu lösen, sackt der Kuchen nach dem Backen nicht zusammen. Mit einer Stricknadel oder einem Zahnstocher können Sie testen, ob der Kuchen fertig gebacken ist. Bleibt nichts kleben, ist der Käsekuchen gar.

QUARKPFÖRTCHEN

250 g Mehl, 300 ml Milch, 300 g Magerquark, 4 Eier, Salz, Butter zum Ausbacken, 2 EL Zucker, 2 TL Zimt

ZUBEREITUNG

1. Mehl, Milch, Quark, Eier und eine Prise Salz zu einem glatten Teig verrühren und 10 Minuten quellen lassen.

2. In einer tiefen Pförtchenpfanne etwas Butter zerlassen und pro Pförtchen ca. 2 EL Teig darin glatt streichen. Die Pförtchen von einer Seite goldbraun ausbacken und mit Hilfe zweier Esslöffel umdrehen und die untere Hälfte ausbacken. Mit Zimt und Zucker bestreuen und heiß servieren.

TIPP

Reichen sie zu den Pförtchen verschiedene Konfitüren und wälzen Sie die Pförtchen in geschmacklich unterschiedlichen Zuckersorten.

ZIEGENMILCH-WIESENHEU-MINUTENKÄSE

500 ml Ziegenmilch, frisches Wiesenheu, 1 TL Blütenhonig, 1 Spritzer Zitronensaft, 10 Tropfen Lab,
8 Aprikosen, 60 g Butter, 60 g Zucker, 1 Zweig Zitronenthymian, 30 ml Wermut, 30 ml Prosecco

ZUBEREITUNG

1. Die Milch in einen Topf gießen und auf ca. 85 °C erhitzen, Wiesenheu zugeben und wie Tee 10 Minuten ziehen lassen. Durch ein feines Sieb passieren, Honig und Zitronensaft einrühren. Lab in eine Schüssel geben und die leicht abgekühlte Milch dazugießen. Milch kalt stellen. Nach ca. 5 Minuten ist die Milch eingedickt.

2. Die Aprikosen waschen, halbieren und entsteinen. In einer leicht gebutterten Pfanne Aprikosen mit der Innenseite ganz leicht anbraten und entnehmen. Nun den Zucker in die Pfanne geben. Sobald dieser zu schmelzen beginnt, Thymian zugeben und mit Wermut und Prosecco ablöschen. Leicht einkochen und die restliche Butter einrühren. Dann die Aprikosen wieder in die Pfanne geben, gut schwenken, und abgedeckt bei schwacher Hitze 5 Minuten köcheln lassen. Aprikosen zum Käse servieren.

TIPP

Lab bekommen Sie über Käsereien, frisches Wiesenheu über (Bio)Landwirte. Statt Wiesenheu können Sie getrocknete Wildkräuter verwenden.

Von Birnen und Beeren

Unsere Großeltern hatten sie noch, die wunderschönen norddeutschen Obstgärten. Beim Anblick von übervollen Apfel-, Birnen- und Quittenbäumen oder Büschen mit köstlichen Himbeeren, Johannis- und Stachelbeeren wurden Kinderträume wahr. Ob pur genossen oder zu Konfitüre eingekocht, Omas und Opas Obstgarten war ein Paradies.

Das Wort „Paradies" stammt übrigens aus dem Altpersischen und bezeichnete ursprünglich die ummauerten Obstgärten von Königen und Adeligen. In unserem Kulturraum verstand man unter „Paradies" vor allem den Garten Eden, einen irdischen Ort höchster Glückseligkeit. Aus dem Garten Eden wurden wir zwar vertrieben, doch glücklicherweise blieben uns die Gärten und Obstbaumwiesen mit ihren Früchten.

Die schöne Helene

Mit Ende der letzten Eiszeit verbreiteten sich Birnen auch in Europa. Spuren finden sich schon im zweiten und dritten Jahrtausend v. Chr. Die alten Griechen und Römer beschäftigten sich intensiv mit der Kultivierung des Baumes. Dass das nicht ganz einfach war, ist bei Homer belegt, der die Veredelung von

Birnenbäumen eine „Göttergabe" nannte. Mit den Römern gelangte die köstliche Frucht auch nach Mitteleuropa – wo der Obstanbau vor allem eine Sache der Klöster war – und von dort nach Norddeutschland.

Die Birnen früherer Zeit waren eher hart und säuerlich. In alten Rezepten werden sie deshalb fast ausschließlich gekocht. Zum Beispiel mit Wein und Schmalz zu Birnenmus, aus dem durch Zugabe von Mehl und Gewürzen Teig für Küchlein wurde. Der Verzehr der rohen Birnen war nicht besonders bekömmlich, es sei denn, man hatte einen robusten Magen. Der Volksmund sprach: „Nach einer Birne Wein oder Priester."

Im 13. Jahrhundert wurde die Frucht eigentlich erst entdeckt und hoffähig. Im höfischen England wurden dem Gast mit Vorliebe gekochte Birnen aus dem eigenen Garten serviert, wenn etwas besonders Köstliches angeboten werden sollte. Ab Mitte des 17. Jahrhunderts avancierte die Birne vollends zur Modefrucht an europäischen Höfen. Anbau und Züchtung wurden intensiviert und es begann die Blütezeit der Pyrus communis.

Heute gibt es über 2.500 Birnensorten, die Mehrzahl sind Züchtungen aus dem 18. und 19. Jahrhundert. Die besten ihrer Art sind leicht saftig und schmecken süß-säuerlich. Eine moderne Birne, roh verzehrt, ist eine Köstlichkeit, aber auch im Salat, zu Käse, Nüssen, Speck und Wild passt sie gut. Als Kompott, Gelee, Konfitüre, zu Eis und auf Kuchen ... die Verwendungsmöglichkeiten von Birnen sind unbegrenzt. Gesund ist sie auch noch: reich an Vitaminen (in erster Linie B-Vitamine), Mineralstoffen, Spurenelementen. Nicht nur wegen ihres Folsäuregehaltes machen Birnen gute Laune. Wie der Dessertklassiker „Birne Helene", jene kalorienreiche, süße Reminiszenz an die schöne Helene in Jacques Offenbachs gleichnamiger Oper.

ROTE GRÜTZE

Während die „Birne Helene" von Frankreich aus ihren Weg nach Norddeutschland fand, ist die Rote Grütze ein dänisch-schleswig-holsteinischer Küchenklassiker. In früheren Zeiten wurde in Schleswig-Holstein und in Dänemark roter Fruchtsaft aus den Beeren der Hausgärten mit Hafer-, Gersten- oder Buchweizengrütze angedickt und als Hauptgericht gereicht. Daher der Name Rote Grütze. Aus dem Armeleuteessen wurde eine dänisch-norddeutsche Spezialität, die heute im ganzen Lande bekannt und beliebt ist. Die klassischen Zutaten: Johannisbeeren, Himbeeren, Stachelbeeren, Erdbeeren und Sauerkirschen. Auch Brombeeren, Heidelbeeren und Preiselbeeren machen sich gut in einer Roten Grütze.

Die Beeren der Roten Grütze sind botanisch betrachtet nicht immer Beeren. Die Erdbeere zum Beispiel ist eine Sammelfrucht: die Einzelfrüchte, winzige Nüsschen, sitzen auf einem fleischigen Gebilde, das aus dem Blütenboden hervorgegangen ist. Auch Himbeeren und Brombeeren sind Sammelfrüchte. Beeren, dem botanischen Begriff nach, bestehen aus einer Ansammlung von Samen, die in ein weiches Fruchtfleisch eingebettet und von einer Fruchthaut umhüllt sind. Nach dieser Definition handelt es sich bei Stachelbeeren, Johannisbeeren, Heidelbeeren und Trauben um echte Beeren. Zudem beschränkt sich diese Fruchtform nicht auf Obst: Tomaten, Gurken und Kürbisse

sind ebenfalls Beeren. Doch wollen wir es hier nicht so genau nehmen und uns dem gängigen Sprachgebrauch anschließen, der mit Beeren kleine, rundliche, süßsaftige Früchte bezeichnet, zum Essen bestimmt und nicht an Bäumen wachsend.

Die Lieblingsbeere der Schleswig-Holsteiner ist übrigens die Erdbeere. Immerhin 10.000 Tonnen der süßen Früchte werden jedes Jahr von heimischen Feldern gepflückt, sofort vernascht oder zu Torten, Konfitüren oder zur norddeutschen Nationalspeise, zu Roter Grütze verarbeitet.

Auch der norddeutsche Dichter Hermann Claudius war ein großer Freund der roten beerenstarken Grütze und setzte ihr ein lyrisches Denkmal:

Rodegrütt
Rodegrütt! Rodegrütt!
Kiek mal lütt Hein hüüt itt!
All's rundüm hett he vergeten.
Rodegrütt! Dat is en Eten, Rodegrütt!
Na lütt Heini, noch en beten?
Mudder het hüüt veel to möten:
Hans und Hein und Stien und Greet
eet, as güng dat üm de Wett – Rodegrütt!

Auswärts essen – Ausblick

Wenn wir an dieser Stelle einen Blick in die gastronomische Zukunft wagen, ist vorauszuschicken, dass wir den Blick nur auf einen Teil der Gastronomie richten. Auf die Gastronomie, in der noch handwerklich gearbeitet, in der noch frisch und nach Saison gekocht wird, in der ein Könner am Herd steht, der seinen Gästen Freude und Genuss bereiten möchte. Über Fast und Convenience Food und Systemgastronomie hüllen wir den Mantel des Schweigens, haben diese Gastronomieformen doch nichts mit Kochhandwerk und Kochkunst zu tun. Wie sagte bereits Oscar Wilde? „Die Kultur hängt von der Kochkunst ab."

Satt und doch ratlos

Wir werden satt, aber viele Menschen wissen immer weniger über die ursprünglichen Nahrungsmittel, ihre Produktion und Zubereitung. Eine Pisa-Studie zu diesem Thema würde zu einem niederschmetternden Ergebnis führen. Wir fliegen zum Mond, aber wir wissen nicht mehr, wie ein Brot gebacken wird. Wir surfen weltweit im Internet, wissen aber nichts mehr

mit Rinderleber in der Küche anzufangen. Die Industrialisierung der Nahrung hat in der jüngeren Generation die Fähigkeit, aus einfachen Produkten eine Mahlzeit zu bereiten, verkümmern lassen. Die Nahrungsmittelindustrie verarbeitet die ursprünglichen Produkte bis zur Unkenntlichkeit und verdirbt den Geschmack durch künstliche Geschmacksverstärker. Wer sich nur durch Tiefkühlpizza und Chips ernährt, ruiniert nicht nur seine Gesundheit: Die (kulinarische) Welt bleibt ihm verschlossen. Denn Essen hat viel mit Kultur, mit der Art, wie wir unser Leben gestalten, zu tun. Wahl und Zubereitung von Nahrung erfordert Kenntnisse und Fertigkeiten, verschafft uns einen unmittelbaren Zugang zu unseren natürlichen Lebensgrundlagen und reflektiert einen (selbst-)bewussten Umgang damit.

Köche als Bewahrer und Vermittler

Betrachten wir den Profi, der sich nach langer Ausbildung Koch nennen darf: Er ist ein gebildeter Mensch, weil er über Kenntnisse der Pflanzen, Kräuter und Tiere verfügt, die Wirkung des Feuers kennt und all dieses Wissen immer wieder neu verknüpft, um seine Mitmenschen kulinarisch zu erfreuen. Ein guter Koch kennt fast alle Fische, Feldfrüchte, Gemüsesorten und -qualitäten, Getreidesorten und ihre Eigenarten. Ein Koch erkennt das Fleisch der Nutztierrassen an Farbe, Maserung und Geruch, er kann unterscheiden zwischen Tieren aus Irland und Holstein, er kennt sich aus mit der Aufzucht von Salzwiesenlämmern, mit der Anatomie von Hasen und Schweinen, mit dem Gefieder von Enten und Hühnern. Er kennt aromatische Kräuter zur Geschmacksverfeinerung und findet sie vielleicht sogar auf Wiesen, er kennt genießbare Blüten, Obst und Nüsse, Pilze und Beeren, und vielleicht sogar ihre Standorte. Ein guter Koch ist ein bisschen Bauer, Fischer und Jäger, Sammler und Botaniker. Er hat die Natur für seine Zwecke einmal durchschritten. Hat er seinen Korb gefüllt, seine Zutaten beisammen, beginnt aber erst seine eigentliche Arbeit. Er pariert, farciert, filetiert und montiert, er würzt, brät und rührt, wendet und lässt weiterschmoren, -kochen, richtet an –, bis gegessen werden kann.

Köche sind Aufrechte, die sich tagtäglich mit Messer, Kochlöffel und Pfanne gegen den Untergang der Kultur stellen. Sie bewahren für uns das Wissen des Lebens. So ist die Pflege und Vermittlung einer kulinarischen Tradition, die eigentliche Aufgabe der Gastronomie. Der Koch wird zukünftig als Bewahrer und Vermittler, als Lehrer und Kenner gefragt sein.

ESSGENUSS IM 21. JAHRHUNDERT

Die Frage, wie sich im 21. Jahrhundert der Geschmack und die schleswig-holsteinische Küchenkultur weiterentwickeln wird, ist schwer zu beantworten. Es gibt schließlich ganz unterschiedliche Ansprüche und Erwartungen ans Essen. Aber Tendenzen sind erkennbar – die Entwicklung zur „kulinarischen Globalisierung", die Verbindung zum Beispiel der klassischen französischen Küche mit asiatischen Gewürzen. Die Köche köcheln sich kunterbunt durch alle ethnischen Töpfe – Stichworte: Crossover- und Fusionsküche – entsprechen dem Zeitgeist und werden immer mehr Anhänger finden. Aber im Grunde ist das nicht neu, das hat es schon immer gegeben. Schon die alten Hansestädter würzten asiatisch, denn sie saßen an der Quelle, handelten sie doch mit Gewürzen. Zum Beispiel Geflügel mit Zitronengras oder Ingwer. Alles schon mal da gewesen! Es ist wie mit dem Wiener Schnitzel, das Rezept ist da, es lässt sich nicht mehr verbessern. Es lässt sich nur schlecht, gut und ausgezeichnet zubereiten. Das gilt für fast alle klassischen Rezepte. Ganz neue Gerichte sind so lange nicht zu erwarten, wie es keine neuen Produkte gibt. Aber es weht ein freiheitlicher Geist durch viele Küchen des Landes. Noch nie wurden Produkte so unkonventionell kombiniert. Heilbutt mit Ingwer, Mango und Lauch, eine Dorade mit Makrele, Eis aus Oliven und Pfeffer. Der Fantasie der Köche sind keine Grenzen mehr gesetzt. Ob uns eine Kreation schmeckt, hängt vom Geschick und der Geschmackssicherheit des Kochs ab und natürlich von unserem persönlichen Geschmack. Aber auch die modische Freestyle-Küche variiert meistens Bekanntes.

MOLEKULARKÜCHE

Die einzige radikale Innovation seit der Nouvelle Cuisine ist die so genannte Molekularküche, die vom Spanier Ferran Adrià bekannt gemacht wurde und alles bisher Bekannte auf den Kopf stellt. Heißes kommt eisig auf den Tisch, Kaltes erhitzt, Festes wird flüssig, Flüssiges kristallisiert. Sie überwindet die Tradition der klassischen Haute Cuisine und täuscht den Esser, indem dem Auge etwas anderes signalisiert wird, als dann die Zunge schmeckt. Eine wahrhaft neue Küche. Was Adrià anrichtet, hat er zuvor in seinem Labor ausgetüftelt. Das Ergebnis ist eine kulinarische Dekonstruktion: Bekannte Gerichte und Produkte werden in ihre Einzelteile zerlegt, analysiert und in anderer Form, Konsistenz und Temperatur zu völlig neuen Speisen geformt, das Gemüse zu Schaum, das Fleisch flüssig. Ob es einem gefällt oder nicht, die Molekularküche wird auch im Norden Einzug halten. Ob in Reinform oder als Zitat, wie die Nouvelle Cuisine wird sie die Küche der Zukunft beeinflussen.

REGIONALKÜCHE

Die neue leichte, kreative Regionalküche wird jedenfalls im Norden ihren Siegeszug fortsetzen. Sie ist authentisch, transparent und vertrauenerweckend, weil verwurzelt in der Region. Sie ist der Gegenpol zur globalisierten Allerweltsküche. Die Köche werden noch unbefangener mit klassischen Rezepten und regionalen Produkten umgehen. Die Neuerfindung der schleswig-holsteinischen Küche ist ja noch jung, ihre Entwicklungsmöglichkeiten sind noch groß. Durch einen persönlichen Stil können Köche Akzente setzen. Regionalität ist „in" und wird es vorerst bleiben. Denn sie verschafft uns in einer immer unübersichtlicher werden globalisierten Welt einen Ankerplatz. Ein Stück Käse ist (auch) ein Stück Heimat.

Angesichts unseres notorischen Zeitmangels ist eine ausgedehnte gemeinsame Mahlzeit geradezu ein Luxusgut geworden. Nur durch ein gutes Essen kann noch Gemeinschaft und Sinnlichkeit erlebt werden – ob durch Crossover-, Molekular- oder Regionalküche.

LOB DER KÖCHE

Küchenchef Bodo Lööck.

Zwischen der rohen Erdfrucht des Steinzeitlers und einer Wachtelterrine liegen viele Jahrtausende, in denen sich eine kulinarische Evolution vollzog. Die Entdeckung und der Gebrauch des Feuers zum Garen der rohen Nahrung ist eine der wichtigsten Errungenschaften der Menschheit. Es sind die Köche, die täglich in ihren Küchen diese Kulturleistung neu befeuern. Die Besten von ihnen verschaffen uns nicht nur Freude und Genuss, manchmal gelingt es ihnen auch, unsere Perspektiven und Horizonte zu erweitern.

WISSEN DES LEBENS

Ein guter Koch ist ein allseits gebildeter Mensch. Er weiß Bescheid über Pflanzen, Kräuter und Tiere. Der Koch unterscheidet zahlreiche Fischarten – Aale, Brassen, Barsche, Doraden, Forellen, Heringe, Sardinen, Scholle, Seeteufel, Steinbutt, Zander. Er erkennt Kartoffel- und Gemüsequalitäten und kann die unterschiedlichen Getreidesorten auseinanderhalten. Ein Koch erkennt das Fleisch der Tiere an Farbe, Maserung und Geruch, er kann unterscheiden zwischen Rindern

aus Argentinien und Holstein. Er kennt sich mit der
Aufzucht von Ziegen, der Anatomie von Schweinen
und dem Gefieder von Enten und Hühnern aus.
Wenn er durch die Natur zieht, findet er Wildkräuter
und genießbare Blüten, an Bäumen und Sträuchern
entdeckt er Obst und Beeren, in Wäldern findet er
Pilze. Ein guter Koch vereint viele Berufe: Er ist Bauer
und Fischer, Jäger und Sammler. Hat der Koch seinen
Warenkorb gefüllt, beginnt die eigentliche Arbeit aber
erst. Eine Arbeit mit zahlreichen Instrumenten und
Geräten am Feuer. Dann wird der Koch zum Metzger,
zum Bäcker, zum Poissonier und zum Rotisseur, zum
Handwerker und Künstler.

So bewahren Köche für uns das Wissen des Lebens.
„Alles fließt", sagt der Philosoph, und so ist es auch in
der Küche. Gute Köche tauschen sich aus, entwickeln
sich (weiter). Wie Musik, Malerei, Literatur und Theater
ist die Kochkunst einem Wandel unterworfen und
wir dürfen uns auf immer neue Geschmackserlebnisse
freuen. Wir sollten sie loben und ehren – die Köche!

**Das Aquarell von Lenka Hansen-Mörck wurde zum Logo
der Nordischen Tafelfreuden.**

Die Köche

Folgenden Köchen haben wir die Rezepte des Buches
zu verdanken:

Von Bodo Lööck, Küchenchef im Historischen Krug,
stammen die Rezepte „Gestern und Heute". Dem
leidenschaftlichen Koch macht es einfach große Freude,
seine Gäste zufrieden und glücklich zu machen. Er
verwendet nur hochwertige, möglichst regionale
Produkte und ist immer auf der Suche nach den besten
Produkten und Landwirten des Landes. Er verfügt
über fundierte Kenntnisse der Kochkunst, bildet sich
ständig weiter und überzeugt durch Kreativität und
den Sinn für unverfälschte Aromen. So vereint er
harmonisch die klassische Hochküche mit der feinen
Regionalküche. Seit seiner Lehre 1980 ist er dem
Historischen Krug verbunden. Seine Wanderjahre
führten ihn durch Deutschlands Sterneküchen. Als
er als Küchenchef im Historischen Krug wieder an-
heuerte, verhalf er als einer der ersten seiner Zunft
der damals noch verstaubten schleswig-holsteinischen
Küche zu neuem Auftrieb und Ansehen. Lööck zählt
zweifelsohne zu den besten Köchen (und Ausbildern
des Nachwuchses) im hohen Norden. Kein Wunder,

dass der begnadete Koch seit Jahren vom renommierten
„Gault Millau" für seine „Kochkunst, Kreativität und
Qualität" ausgezeichnet wird.

Von Kaiwan Zschernig stammen die Rezepte „Morgen".
Der junge engagierte Küchenchef im Alten Gymnasium ist Anhänger der klassischen Moderne. Leicht,
aromatisch und kreativ kommen seine Kreationen
daher. Sein Lehrmeister und Vorbild ist Deutschlands
Jahrhundertkoch Eckart Witzigmann, für dessen
„Bajazzo" er zwei Jahre, davon ein Jahr als Küchenchef
gekocht hat. Frische Produkte von bester Qualität sind
die Basis seiner ambitionierten Gourmetküche.

Das Beste zum Schluss: Die Desserts haben wir Christian
Andres, dem Chef-Patissier im Alten Gymnasium zu
verdanken. Der junge Vater lernte den Beruf im Historischen Krug unter Bodo Lööck, der sein „Händchen"
fürs Süße früh entdeckte. Andres lernte bei den Besten
seiner Zunft, so führten ihn seine Wanderjahre zu zahlreichen Sterneköchen, zum Beispiel zu Dieter Müller
ins Schlosshotel Lerbach. Seine Dessertkreationen, Pra-
linen und Petit Fours machen süchtig. Aber was wäre
ein tolles Essen ohne krönenden Abschluss, ohne ein
Dessert, eine süße Aromabombe? Eben, nur die Hälfte!

Erholung und Genuss: Der Historische Krug

Der Historische Krug in Oeversee ist der älteste Krug in Schleswig-Holstein. 1519 wurde er erstmals in Chroniken erwähnt. Zu jener Zeit wurden noch Rinderherden von Dänemark durch Schleswig-Holstein zum Viehmarkt nach Hamburg getrieben. Entlang des „Ochsenweges" entstanden Gasthöfe, damit Mensch und Tier auf dem langen Weg rasten konnten. 1624 wurde der Krug vom dänischen König zur Poststation erhoben, zum „Königlich privilegierter Krug", der letzte heute noch existierende auf deutschem Boden. Das Haus hat eine lange Tradition und immer wieder Geschichte geschrieben. Am bedeutsamsten war zweifellos das Jahr 1864, als der Krug in den deutsch-dänischen Auseinandersetzungen als Lazarett für Verwundete beider Seiten diente, das erste Feldlazarett des Internationalen Roten Kreuzes. Für seine außergewöhnlichen Verdienste wurde der Wirt später von Kaiser Franz-Joseph I. mit dem österreichischen Kriegsdienstkreuz in Gold ausgezeichnet.

Lange Familientradition

Zur Historie des Hauses gehört eine 200-jährige Familientradition. Seit 1815 wird der Historische Krug von der Familie Hansen-Mörck geführt. Wie in jedem Familienbetrieb gab es Freud und Leid, Höhen und Tiefen, wie die Brandkatastrophe von 1980, als der Gasthof niederbrannte und wieder aufgebaut werden musste.

Heute präsentiert sich der Historische Gasthof als malerische reetgedeckte Hotelanlage in einem Park. Eine Oase der Gastlichkeit, wo der Gast verwöhnt wird. Betritt man die drei Hektar große Anlage, sind Alltag und Stress sofort vergessen. Die 60 Zimmer, die auf sieben Gästehäuser verteilt sind, sind komfortabel im gemütlichen Landhausstil eingerichtet. Seit 25 Jahren betreibt Patronin Lenka Hansen-Mörck hier auch eine Ayurveda-Beautyfarm. Als eine der ersten in Deutschland erkannte sie die Vorteile des indischen Naturheilverfahrens, das mittlerweile viele Anhänger

gefunden hat. Angeschlossen ist eine Wellnessanlage mit Schwimmbad und Bioschwimmteich. Körper und Geist können hier wunderbar entspannen.

Für besondere Geschmackserlebnisse sorgt der ambitionierte Küchenchef Bodo Lööck. Dem leidenschaftlichen Koch macht es Freude, seine Gäste zu verwöhnen. Er verwendet nur hochwertige, möglichst regionale Produkte, viele aus der unmittelbaren Umgebung. Er verfügt über fundierte Kenntnisse der Kochkunst, ist kreativ und hat einen ausgeprägten Sinn für Aromen. Er verbindet die klassische Hochküche mit der feinen Regionalküche. Zum Beispiel mit „Geschmorten Kalbssäckchen auf Shiitake-Pilzsalat" oder „Gebackene Seezunge, Jakobsmuscheln mit Pimentosaft auf Pinienkernspinat". Auch seine Desserts sind eine Wucht, „Holunderblütenschaum mit Ziegenjoghurt und Rhabarber-Rahmeis" kann auch den weit gereisten Feinschmecker noch beeindrucken.

Lööck zählt zu den besten Köchen im Norden. Seit Jahren wird der begnadete Koch vom renommierten „Gault Millau" für seine „Kochkunst, Kreativität und Qualität" ausgezeichnet wird. Die Anhänger der einfacheren Landküche werden in der gemütlichen Krugwirtschaft bestens bedient. Patronin Lenka Hansen-Mörck und ihr Küchenchef Bodo Lööck sorgen für ein harmonisches Zusammenspiel von traditioneller Gastlichkeit, stilvollem Ambiente und feiner Küche. So ist aus dem Historischen Krug ein bevorzugtes Ziel für Feinschmecker und Erholungssuchende geworden.

Historischer Krug
Grazer Platz 1
24988 Oeversee
Telefon: 04630-9400
www.historischer-krug.de

Erholung und Luxus: Altes Gymnasium

Die 72 Zimmer und Suiten sind aufwendig eingerichtet: italienische Möbel, Stoffe und Teppiche aus England. Der Gast spürt die besondere Liebe zum Detail in allen Räumen des 5-Sterne-Hotels.

2006 übernahm Lenka Hansen-Mörck neben dem Historischen Krug in Oeversee auch das Alte Gymnasium in Husum. Seitdem führt die umtriebige Gastronomin zwei der führenden Hotels und Restaurants im hohen Norden.

Eine besondere Attraktion ist der über 1.000 Quadratmeter große Fitness- und Badebereich, der in der alten Turnhalle eingerichtet wurde. Von Künstlerhand angefertigte Wandmalereien mit lateinischen Inschriften erinnern an klassische Thermen und Badehäuser.

Dampf- und Trockensaunen, Solarium und Whirlpool ergänzen das Angebot von ayurvedischen Anwendungen, wohltuenden Massagen und kosmetischen Behandlungen.

Dort wo einst Schüler über den Sätzen des Pythagoras oder den Versen Rainer Maria Rilkes brüteten, wo Theodor Storm Vorträge hielt, genießen heute Gäste aus aller Welt ihren Urlaub. Das Alte Gymnasium, eines der wenigen 5-Sterne-Hotels in Schleswig-Holstein, ist die Attraktion in Husum. Es gehört zu den besten Hotels in Norddeutschland.

Ein Traum wurde wahr

Der Hamburger Geschäftsmann Johann Max Böttcher erfüllte sich einen Wunschtraum, als er die ehemalige Hermann-Tast-Schule zu einem Luxushotel umbauen ließ. Der gebürtige Husumer hatte an der Schule 1939 sein Abitur gemacht, sein Vater wirkte hier 40 Jahre lang als Lehrer. Nach zweijährigem Umbau eröffnete am 1. April 1996 der Hotelbetrieb seine Türen. Die lange Tradition des 1867 erbauten Hauses ist überall gegenwärtig. Die alte Aula wurde zum Ballsaal, Ornamentfenster und Fresken wurden sorgsam restauriert.

Zum guten Ruf des Hotels trägt wesentlich das Fein-schmeckerrestaurant „Eucken" im alten Gewölbekeller der Schule bei. Die stilvolle Einrichtung und die fein gedeckten Tische sind der Küche des Hauses ange-messen. Die Basis sind ausnahmslos frische Produkte von höchster Qualität – Salzwiesenlämmer, Steinbutt, Wildtauben, Milchprodukte und Kartoffeln kommen aus der Region. Die Mischung aus klassischer Gourmet-küche, Molekularküche und regionalen Produkten sorgt für einmalige Geschmackserlebnisse.

Wer es einfacher mag, kommt im lichtdurchfluteten Wintergarten – hier standen einst die Obstbäume des Schuldirektors – auf seine Kosten, wo rund um die Uhr gute regionale Küche serviert wird. Morgens wird im Wintergarten stilvoll gefrühstückt, am Nachmittag lockt köstlicher, selbst gebackener Kuchen.

Zum Aperitif oder zum After-Dinner-Drink trifft man sich in der Bar, wo es sich bei erstklassigen Cocktails, altem Rum oder frisch gezapftem Bier gut nachsitzen lässt.

So macht Schule Spaß. Ein Besuch im Alten Gymna-sium ist ein Luxusurlaub für Körper, Geist und Seele. Ein Urlaub für alle Sinne mit hohem Genussfaktor.

Altes Gymnasium
Süderstraße 2–10
25813 Husum
Telefon: 04841/8330
www.altes-gymnasium.de

Die Autoren

Jens Mecklenburg

Lebt und arbeitet als freier Journalist und Buchautor an der Kieler Förde und beschäftigt sich mit allen Themen rund ums Essen und Trinken. Die Förderung von Genusskultur und regionalen Spezialitäten liegen dem Gastrokritiker besonders am Herzen. Er betreut kulinarische Projekte wie „Restaurant sucht Bauernhof" und berät Institutionen und Verbände bei der Förderung von Esskultur. Seine wöchentliche Kolumne in den Kieler Nachrichten „Raritäten mit Biss", in denen er in Vergessenheit geratene Obst- und Gemüsesorten den Lesern an Herz legt, erfreut sich großer Beliebtheit. Bei der Schlüterschen erschien von ihm u. a. „Schleswig-Holstein mit Genuss".

Lenka Hansen-Mörck

Die gebürtige Tschechin studierte Kunsterziehung und Literatur, bevor sie 1971 nach Australien auswanderte. In Sri Lanka studierte sie die ayurvedische Naturheilkunde, in Hamburg bildete sie sich in ganzheitlicher Kosmetik fort. 1976 erschien ihr Kinderbuch „Die kleine Eisenbahn". 1980 erwarb sie ein Restaurant. Seit 1982 wirkt sie im Betrieb ihres Mannes Hans Hansen-Mörck, dem Historischen Krug, mit. 1984 eröffnete sie dort das erste Ayurveda-Gesundheits-Zentrum in Schleswig-Holstein. In ihrer Freizeit entspannt Lenka Hansen-Mörck mit Malerei. Ihre Bilderreihe „Musizierende Köche", in Anlehnung an das Schleswig-Holstein Musik Festival, inspirierten ihren Mann dazu, das Schleswig-Holstein Gourmet Festival ins Leben zu rufen. Seit seinem Tod 1994 führt die dreifache Mutter den Historischen Krug in Oeversee allein und hat ihn zur gastronomischen Topadresse gemacht. 2006 erwarb sie das Alte Gymnasium in Husum, einen weiteren renommierten Hotel- und Restaurantbetrieb im hohen Norden.

Ingo Wandmacher

Ein Hamburger in Schleswig-Holstein. Seine Reise- und Foodfotos schmücken so bekannte und beliebte Bücher wie die von Alida Gundlach („Perlen des Nordens", Herrenhäuser in Niedersachsen") oder Heike Götz mit ihrer „Landpartie" durch den Norden. Zahlreiche (Koch)Bücher von WDR und NDR hat er mit seinen natürlichen, stimmungsvollen Fotos illustriert, wie auch das Buch „Historische Gasthöfe in Schleswig-Holstein". Für Reiseveranstalter bereist Wandmacher das europäische Ausland, das Hauptaugenmerk immer auf dem Thema „Ernährung und Lebensart". Auch für Mecklenburgs Kolumne „Raritäten mit Biss" setzt er alte Obst- und Gemüsesorten sowie Kräuter ins rechte Licht.

Rezepte alphabetisch